Beccarisi
Sicut Albertus saepe dicebat

Alessandra Beccarisi

Sicut Albertus saepe dicebat

Albertus Magnus und Meister Eckhart
im Lichte der neueren Forschung

Lectio Albertina

Band 19

© 2019 Aschendorff Verlag GmbH & Co. KG, Münster

Gedruckt auf säurefreiem, alterungsbeständigem Papier

Fotografie und Umschlaggestaltung: Rüdiger Block, Hürth
Satz: Albertus-Magnus-Institut, Bonn
TUSTEP-Satzprogramm bereitgestellt von Dr. Michael Trauth, Trier

Printed in Germany

ISBN 978-3-402-11202-1

Inhalt

Sicut Albertus saepe dicebat

Albertus Magnus und Meister Eckhart
im Lichte der neueren Forschung

Alessandra Beccarisi, Lecce

Bernhard Geyer, erster Direktor des Albertus-Magnus-Instituts von 1931 bis 1974, veröffentlichte 1964 in der Festschrift zum 65. Geburtstag von Josef Quint den Artikel *Albertus Magnus und Meister Eckhart*.[1] Es war die erste Bilanz eines verbreiteten Narrativs, das einen direkten Einfluss von Albertus Magnus auf die spekulative deutsche Mystik und insbesondere auf Meister Eckhart annahm.[2] Dass es einen solchen Einfluss gab, wurde zwar stets vermutet, jedoch meist nur unzureichend belegt, wie Geyer schon damals feststellte.

Zweifellos handelt es sich dabei um ein wichtiges Thema mit vielen nicht nur historischen, sondern auch politischen und kulturellen Implikationen. Geyers (nicht unbedingt expliziter) Bezug auf die spekulative deutsche Mystik ist nicht zufällig: Er richtet sich vielmehr auf eine breite wissenschaftliche Produktion, die ab dem 19. Jahrhundert eine deutsche Besonderheit in der Geschichte der Philosophie geltend macht, nämlich die spekulative Mystik.[3]

Der kurze, dichte Beitrag Geyers ist aber keineswegs ideologisch: Mit Präzision und, ich möchte sagen, mit der Nüchternheit des Philosophiehistorikers fasst der ehemalige Direktor des Albertus-Magnus-Instituts in wenigen Daten den Stand der Forschung zusammen. Auf den ersten Blick erscheint die Zitierung

---

1 B. Geyer, Albertus Magnus und Meister Eckhart, in: H. Moser u. a. (Hg.), Festschrift Josef Quint anläßlich seines 65. Geburtstages überreicht, Bonn 1964, 121–126.
2 Vgl. J. Koch, Kritische Studien zum Leben Meister Eckharts, in: Ders., Kleine Schriften, Bd. 1, Rom 1973, 247–347 hier 254; K. Ruh, Geschichte der abendländischen Mystik, III: Die Mystik des deutschen Predigerordens und ihre Grundlegung durch die Hochscholastik, München 1996, 126–129; L. Sturlese, Albert der Große und die deutsche philosophische Kultur des Mittelalters, in: Ders., Homo divinus. Philosophische Projekte in Deutschland zwischen Meister Eckhart und Heinrich Seuse, Stuttgart 2007, 1–13; A. de Libera, La mystique rhénane. D'Albert le Grand à Maître Eckhart, Paris 1994.
3 Vgl. W. Preger, Geschichte der deutschen Mystik im Mittelalter, 1. Teil: Geschichte der deutschen Mystik bis zum Tode Meister Eckharts, Leipzig 1874.

von Albertus Magnus in den Schriften Eckharts allerdings enttäuschend dürftig, wie später Kurt Ruh beklagte.[4] Berücksichtigt man nur explizite Zitate, ist die Situation folgende:

Zitate in den deutschen Werken

Meister Eckhart	Albertus Magnus
Pr. 52 (DW 2), 488,3f.	*Super Matth.* c. 5 v. 3 (Ed. Colon. 21/1), 104,75–80; 105,24f.; 106,5–8
Pr. 80 (DW 3), 384,4–6	nicht nachgewiesen
Pr. 80 (DW 3), 385,1–4	nicht nachgewiesen
Pr. 80 (DW 3), 387,5–388,1	*Super Matth.* c. 7 v. 2 (Ed. Colon. 21/1), 244,44–49
Pr. 90 (DW 4/1), 56,16–57,24 [A-Fassung]	*Super Matth.* c. 5 v. 1 (Ed. Colon. 21/1), 102,26–52

Zitate in den lateinischen Werken

Meister Eckhart	Albertus Magnus
In Gen. I n. 55 (LW 1/1), 224,7f. [Rec. CT]	
In Gen. I n. 50 (LW 1/2), 107,13f. [Rec. L]	*Meteora* l. 2 tr. 3 c. 2 (Ed. Colon. 6/1), 84,9–45
In Gen. I n. 57 (LW 1/1), 225,8–226,9 [Rec. CT]; (LW 1/2), 109,1–12 [Rec. L]	*Meteora* l. 2 tr. 3 c. 2 (Ed. Colon. 6/1), 84,9–45
In Gen. I n. 58 (LW 1/1), 226,10f. [Rec. CT]; (LW 1/2), 109,13f. [Rec. L]	*Meteora* l. 2 tr. 3 c. 2 (Ed. Colon. 6/1), 84,67–79
In Sap. n. 275 (LW 2), 605,4–7	*Meteora* l. 2 tr. 1 c. 14 (Ed. Colon. 6/1), 53,60–54,25
Sermo Paschalis n. 13 (LW 5), 145,5f.	nicht nachgewiesen, aber vgl. *II Sent.* d. 3 a. 3 (Ed. Paris. 27), 65a
Acta Echardiana n. 48 (Responsio) (LW 5), 291,13–292,7 (*Proc. Col.* I n. 123)	*De causis et proc. univ.* l. 1 tr. 1 c. 8 (Ed. Colon. 17/2), 16,66–17,12

Zitate in den deutschen Predigten sind natürlich am schwierigsten zu identifizieren. Geyer gelingt[5] es lediglich in drei von sechs Fällen die Quelle nachzuweisen, nämlich für *Predigt* 52, *Predigt* 90 und eine Stelle von *Predigt* 80. In allen Fällen handelt es sich um Zitate aus dem Kommentar zum *Matthäusevangelium*. Die zwei restlichen Zitate der *Predigt* 80, die sich ausdrücklich auf *Bischof Albrecht* beziehen, sind dagegen nicht eindeutig von Geyer nachgewiesen. Er stellt allerdings Überlegungen dazu an und ordnet sie in den konzeptionellen Rahmen des *Liber de causis* ein.

Klarer sind, so Geyer weiter,[6] die Zitate in den lateinischen Werken, weil in ihnen Autor und Schrift meist genau angegeben werden. Zwei Werke, die *Meteora* und *De causis et processu universitatis a prima causa*, werden sogar viermal

---

4 Ruh, *Geschichte der abendländischen Mystik* (wie Anm. 2), 126.
5 Geyer, Albertus Magnus und Meister Eckhart (wie Anm. 1), 122–123.
6 Geyer, Albertus Magnus und Meister Eckhart (wie Anm. 1), 124–125.

bei Eckhart mit Buchtiteln angeführt. Das erste Werk wird dreimal im *Genesiskommentar* zitiert, das andere findet sich hingegen, zusammen mit Avicenna, in Eckharts Verteidigungsschrift von 1326:

> »Ad undecimum cum dicitur: ›In omni creato aliud est esse et ab alio, aliud essentia e non ab alio‹. Dicendum quod hoc verum est, et est verbum Avicennae et Alberti in De causis«.

Bemerkenswert ist meines Erachtens, dass Geyer[7] aus einer so geringen Datenmenge feste Schlussfolgerungen ziehen konnte, und zwar: Erstens beziehe Eckhart seine naturwissenschaftlichen Kenntnisse weitgehend aus Albert; zweitens bevorzuge Eckhart die in der Rezeption neuplatonischer Anschauungen am weitesten gehende Schrift Alberts, insbesondere das schon erwähnte Werk *De causis et processu universitatis a prima causa*. Wo aber kein namentliches Zitat überliefert sei, sondern bloß eine sachliche bzw. mehr oder weniger wörtliche Übereinstimmung vorliege, sei die Abhängigkeit von Albert nicht so sicher festzustellen. Vielleicht hält es Geyer aus diesem Grund nicht für angebracht, die signifikante wenn auch implizite Präsenz des Kommentars zum *Matthäusevangelium* zu vertiefen. So kommt er zu dem Schluss, die Zitate allein seien für eine umfassende Beurteilung des Verhältnisses Meister Eckharts zu Albertus Magnus nicht ausreichend. Vielmehr müssten sowohl die Lehre Eckharts im Ganzen als auch charakteristische Sätze im Einzelnen mit denen Alberts verglichen werden.

So überraschend es klingen mag, hat sich seit der Arbeit Geyers von 1964 kaum etwas geändert. Es mangelt in diesen 55 Jahren philosophiehistorischer Forschung nicht an präzisen Arbeiten, die bestimmte Aspekte oder spezifische Standpunkte in den Werken der beiden Denker untersucht haben. Was aber fehlt, ist eine umfassende Untersuchung zum Einfluss von Albertus Magnus auf das Denken Meister Eckharts, zumindest in dem von Geyer erhofften Sinn.

Die folgenden Ausführungen erheben nicht den Anspruch, das von Geyer genannte Desiderat vollständig zu erfüllen. Jedoch sollen sie ein Beitrag dazu sein, seinem Wunsch zu entsprechen. Zu diesem Zweck gliedern sich meine Überlegungen in zwei Teile: im ersten Teil komme ich auf den aktuellen Stand der Forschung zu sprechen, im zweiten Teil werde ich einige neue Entdeckungen vorstellen.

---

7 Geyer, Albertus Magnus und Meister Eckhart (wie Anm. 1), 124.

Teil I: Der Stand der Forschung

Der Einfluss Alberts des Großen auf die deutsche Mystik im Allgemeinen und auf Eckhart im Besonderen wurde nie in Frage gestellt. Mit Ausnahme einer Arbeit von Andrés Quero-Sánchez mit dem Titel *Über das Dasein. Albertus Magnus und die Metaphysik des Idealismus*[8] haben alle, die sich mit der sogenannten »deutschen spekulativen Mystik« beschäftigt haben, eine direkte Abhängigkeit Eckharts von Albertus Magnus als selbstverständlich vorausgesetzt.[9] Im Übrigen weist Eckhart selbst als junger Bakkalaureus bei einem seiner ersten öffentlichen Auftritte in dem berühmten *Sermo Paschalis* von 1294 auf die Autorität Alberts mit Worten hin, die von Nähe und Vertrautheit zeugen.[10] So schrieb schon Geyer:

> »Daß Eckhart zu Albertus Magnus in enger Beziehung stand, ist heute nach Bekanntwerden seiner lateinischen Werke klar. In einer neu bekanntgewordenen Pariser Universitätspredigt Eckharts vom Jahre 1294 weist ein von Albert berichtetes Wort auf ein irgendwie persönliches Verhältnis zu Albert hin: *Et Albertus saepe dicebat*. Das *saepe dicebat* deutet auf einen mündlichen Ausspruch hin, ob er diesen nun unmittelbar aus dem Mund des alten Meisters vernommen hat oder ob er ihm durch andere zugetragen wurde«.[11]

Nur wenige Gelehrte haben sich der Faszination einer persönlichen Beziehung zwischen den beiden entzogen. So hielt Koch es etwa für wahrscheinlich, dass Eckhart ein Schüler Alberts gewesen sei.[12] Kurt Flasch behauptet 40 Jahre danach sogar, die Aussage sei »der einzige Beleg dafür, daß Eckhart Albert wohl persönlich gekannt hat«.[13] Sturlese schreibt viel vorsichtiger hierzu:

> »Obwohl dieser Hinweis schlicht als die Erfüllung der Huldigungspflicht gegenüber der wichtigsten Persönlichkeit der eigenen Provinz gedeutet werden mag, dürfte er aber auch als persönliche Erinnerung an die Studienzeit in Köln und auf jeden Fall als Zeichen eines offenen Bekenntnisses zur Schule Alberts verstanden werden«.[14]

---

8 A. QUERO-SÁNCHEZ, Über das Dasein. Albertus Magnus und die Metaphysik des Idealismus (Meister-Eckhart-Jahrbuch. Beihefte 3), Stuttgart 2016, 520–526.
9 Vgl. hier Anm. 3.
10 ECKHART, Sermo paschalis A. 1294 Parisius habitus n. 13 (LW 5), 145.
11 GEYER, Albertus Magnus und Meister Eckhart (wie Anm. 1), 121.
12 KOCH, Kritische Studien (wie Anm. 2), 254: »Da Albertus Magnus 1280 starb, ergibt sich aus dem Gesagten, dass Eckhart vor 1280 das Studium der Theologie in Köln begonnen hat«.
13 K. FLASCH, Meister Eckhart. Philosoph des Christentums, München 2009, 71.
14 L. STURLESE, Einleitung, in: ECKHART, Sermo Paschalis (LW 5), 134.

Aus den Worten Sturleses geht hervor, worum es wirklich geht, nämlich um den Nachweis der Existenz einer Schule Alberts, die im Verlauf der Zeit zu einer »Kölner Schule« oder zu einer »deutschen Dominikanerschule« geworden ist. So enthält schon Geyers Artikel aus dem Jahr 1964 den Hinweis auf eine deutsche Besonderheit der mittelalterlichen Philosophie, die durch die direkte oder indirekte Verbindung einiger Theologen mit dem Meister genährt wurde, der das *Studium generale* der Dominikaner in Köln aufgebaut hat. Die Wirkmächtigkeit und Bedeutung dieses historiografischen Begriffs sind nur allzu bekannt, so dass eine Zusammenfassung seiner charakteristische Merkmale sich hier erübrigt.[15]

Eine Tatsache ist sicherlich interessant: Obwohl im Laufe der Zeit Kritik am historiografischen Konzept der »Schule Alberts« oder der »Kölner Schule« geübt wurde,[16] die oft von denen stammt, die zu seiner Entstehung beitrugen – ich beziehe mich hier auf Alain de Libera und Kurt Flasch[17] –, wurde die Idee einer Abhängigkeit Eckharts von Albert nie in Frage gestellt. Mehr noch: Selbst Geyers Schlussfolgerung, dass Eckhart hinsichtlich seiner Kenntnis der Naturphilosophie und seines Neuplatonismus von Albert abhänge, wurde nie in Frage gestellt.

Es handelt sich dabei um ein zentrales Element, das auch Kurt Ruh unterstreicht. Im dritten Band seiner *Geschichte der abendländischen Mystik* fasst Ruh den Forschungsstand zu diesem Thema zusammen:

> »In der überwiegenden Zahl der aufgedeckten Stellen handelt es sich um naturwissenschaftliche Informationen, und man wird Geyer rechtgeben, wenn er daraus das Fazit zieht, Eckhart verdanke seine ›naturwissenschaftlichen Kenntnisse weitgehend Albertus‹. So bleibt ein kleiner Stellenbestand zurück, der Auskünfte über Eckharts Verhältnis zum Philosophen Albertus gibt. Das bekannteste Albertus-Zitat dürfte in der berühmten Predigt [52] stehen, wo Eckhart eine Armut-Definition des Albertus aufgreift, die *wol gesprochen* ist, aber von ihm überboten wird [...]. [Die Predigt] 80 (›Homo quidam erat dives‹) bietet drei Albertusverweise, die beiden ersten in bedeutsamem Zusammenhang. Es geht im zweiten Teil der Predigt um ›Gottes Reichtum‹, der in fünf *dingen* aufgezeigt wird. Das erste wird mit zwei (sehr frei zitierten) Sätzen aus dem ›Liber de causis‹

---

15 Ich beschränke mich hier darauf, auf die *Prolegomena* zu den Bänden des *Corpus Philosophorum Teutonicorum Medii Aevi* (Hamburg) Bezug zu nehmen. Vgl. auch L. STURLESE, Die deutsche Philosophie im Mittelalter. Von Bonifatius bis zu Albert dem Großen, München 1993.

16 Vgl. N. LARGIER, Die »Deutsche Dominikanerschule«. Zur Problematik eines historiographischen Konzepts, in: J. A. Aertsen / A. Speer (Hg.), Geistesleben im 13. Jahrhundert (Miscellanea Mediaevalia 27), Berlin / New York 2000, 202–213.

17 Vgl. A. DE LIBERA, Métaphysique et noétique. Albert le Grand (Problèmes & Controverses), Paris 2005, 41–46; K. FLASCH, Von Dietrich zu Albert, in: Freiburger Zeitschrift für Philosophie und Theologie 32 (1985), 7–26.

umschrieben [...]. Die Erste Ursache, Gott, ist durch ihre ›Einfachheit‹ definiert. ›[...]
Ein Ding ist einfaltig, das in sich selbst einheitlich (*ein*) ist ohne Andersartiges (*ander*). Das
ist Gott, und alle einheitlichen Dinge werden gehalten in dem, was er ist. Da sind die
Kreaturen eins in dem einen und sind Gott in Gott, an sich selbst aber sind sie nichts‹
[...]. Da die Quelle, so wenig wie das zweite Albertus-Zitat in dieser Predigt, nicht
nachgewiesen ist, kann man nicht feststellen, ob Eckhart seine Quelle« – wie Ruh vorher
sagt, überboten, d.h. – »verändert hat. Jedenfalls hat er sie ganz in seine Eigensprache
umgeformt. Das gilt auch für das gleich anschließende Zitat: ›Auf dreifache Weise fließt
er (Gott) aus in alle Dinge gemeinhin: mit Sein und mit Leben und mit Licht und
insbesondere in die vernunftbegabte Seele in ihrem (Erkenntnis-)Vermögen und in der
Rückführung (*widerruck*) der Kreaturen in ihren ersten Ursprung‹ [...]«.[18]

Dem langen Zitat von Kurt Ruh entnehmen wir nur wenige, aber sehr wert-
volle neue Elemente: Ruh unterscheidet zwischen dem Naturphilosophen
und dem Philosophen tout court. Der erste sei Albert als der Verfasser des
Kommentars zu den *Meteora*, der zweite der Neuplatoniker – und präzisiert
damit einen Gedanken, den schon Geyer formuliert hatte. Während ersterer,
so Ruh, in den lateinischen Werken zitiert wird, nehmen die deutschen Werke
auf letzteren Bezug. Der Naturphilosoph wird mit Genauigkeit zitiert, der
Neuplatoniker dagegen in Eckharts eigene Sprache umgeformt, was der
Grund dafür zu sein scheint, dass der Ursprung des Zitats noch nicht identifiziert werden konnte. Dies beklagt Dagmar Gottschall in einem Artikel von
2012 über Albert den Großen und ebenso Andrés Quero-Sánchez 2013.[19]

Auch Loris Sturlese verweist auf die Geyer-Hypothese bezüglich eines dop-
pelten Einflusses auf Meister Eckhart, einmal als Naturphilosoph und ein
anderes Mal als neuplatonischer Philosoph.[20] Albert wird im *Genesiskommentar*
Eckharts als naturwissenschaftliche Autorität herangezogen, um zu erklären,
warum die Erde nicht vom Wasser (so wie von der Luft) ganz umschlossen
ist – eine Frage, die mit der aristotelischen Theorie des Ortes[21] verbunden ist.
Aber in der *Predigt* 80 *Homo quidam dives* zeichne sich eine »markantere Albert-
Interpretation« ab.

Diese »markantere Albert-Interpretation« verweist indessen auf die schon
erwähnten Zitate, die einen klaren neuplatonischen Einschlag haben. Das
eine bezieht sich auf das dreifache Hervorgehen der ersten Ursache und das
andere auf die Definition des Einfachen. Nach Sturlese kann man aufgrund

---

18 Ruн, Geschichte der abendländische Mystik III (wie Anm. 2), 126–127.
19 Vgl. D. Gottschall, Albert's Contributions to or Influence on Vernacular Literatures,
    in: I. M. Resnick (Hg.), A Companion to the Albert the Great. Theology, Philosophy,
    and the Sciences (Brill's Companions to the Christian Tradition 38), Leiden 2012,
    725–757 hier 752 Anm. 135; Quero-Sánchez, Über das Dasein (wie Anm. 8), 520–521.
20 Vgl. Sturlese, Albert der Große und die deutsche philosophische Kultur (wie Anm. 2), 7.
21 Dazu siehe unten S. 18–21.

dieser Stelle verstehen, was Tauler meinte, als er die Urherberschaft des Begriffs vom Seelengrund über Eckhart und Dietrich für *Bischof Albrecht* beanspruchte,[22] – womit wieder der Kontext einer (spezifischen?) Schule angedacht wäre. Daraus ergibt sich die Wichtigkeit der *Predigt* 80 für die Rekonstruktion der Beziehung zwischen Albert und Eckhart.

In der Tat hat es nicht an Versuchen gefehlt, das Werk zu identifizieren, das Eckhart vor sich hatte, als er die *Predigt* 80 verfasste. Fiorella Retucci hat einen Beitrag zur Entdeckung dieser wichtigen albertinischen Quellen in Eckharts Werk geleistet.[23] In ihrem Artikel von 2008, im Rahmen einer sehr umfangreichen Untersuchung über die Eckhartschen Quellen, glaubte sie, die zwei Hinweise auf *Bischof Albrecht* identifiziert zu haben.

Kurt Ruh und Bernhard Geyer folgend, meinte Retucci, dass der *Liber de causis* in *Predigt 80 Homo quidam dives* eine zentrale Rolle spielt. Der reiche Mann in *Lukas* ist, so Eckhart, die erste Ursache, *dives per se*. Eine der Eigenschaften der ersten Ursache ist, dass sie in alle Dinge einfließt. Eckhart verweise auf den Beginn des zweiten Buches von Alberts Kommentar zum *Liber de causis*, in dem Albert die verschiedenen Titel dieses Buchs analysiert:

Meister Eckhart, *Pr.* 80 (DW 3), 385,1–386,1	Albertus Magnus, *De caus. et proc. univ.* l. 1 tr. 1 c. 1 (Ed. Colon. 5/2), 61,16–22
Hie von sprichet bischof Albreht: **drîerhande wîs vliuzet er ûz in alliu dinc** gemeinlîche: **mit wesene** und mit lebene und mit liehte und sunderlîche in die vernünftigen sêle an mügentheit aller dinge und an **einem widerrucke der crêatûren in irn êrsten ursprunc**: diz ist lieht der liehte, wan ›alle gâbe und volkomenheit vliezent von dem vater der liehte‹, als sant Jâcobus sprichet.	[…] lumen primae causae **tripliciter influat rebus**, scilicet influentia constitutionis **ad esse** et influentia irradiationis ad perfectionem virtutis et operis **et influentia reductionis ad primum fontem ut ad boni principium**, et huius influentia luminis omnis illuminationis principium sit et lumen, erit ipsum lumen luminum.

Die Schule von Avicenna, so schreibt Albert, nannte es: »*De lumine luminum*«. In der Erklärung dieses Titels erläutert Albert, dass die erste Ursache in dreifacher Weise in die Dinge einfließt: Zuerst gibt es einen Einfluss, der das Sein konstitutiv macht, dann gibt es einen Einfluss, der Tugend erzeugt, und schließlich einen dritten: der »*influentia reductionis ad primum fontem*«. Auch der zweite Hinweis bezieht sich, so Retucci, auf Alberts *De causis et processu universitatis a prima causa* (l. 2 tr. 4 c. 5). Hierbei geht es um die Erklärung des Begriffs »Einfach«, eine der fünf Weisen, die den göttlichen Reichtum charakterisieren (die anderen

---

22 Vgl. STURLESE, Albert der Große und die deutsche philosophische Kultur (wie Anm. 2), 8.
23 Vgl. F. RETUCCI, »Her ûf sprichet ein heidenischer meister in dem buoche, daz dâ heizet daz lieht der liehte«: Eckhart, il *Liber de causis* e Proclo, in: L. STURLESE (Hg.), Studi sulle fonti di Meister Eckhart. I. Aristoteles, Augustinus, Avicenna, Dionysius, Liber de causis, Proclus, Seneca (Dokimion 34), Fribourg 2008, 135–166 hier 139–140.

sind: »*primitas*«, »*fontalitas*«, »*immutabilitas*«, »*perfectissimitas*«). Gott, so schreibt Eckhart, kann aus fünf Gründen als reich bezeichnet werden; einer davon besteht darin, dass Gott absolut einfach ist:

> »Und so sagt Bischof Albert: Einfach ist das, was in sich eins ist, ohne irgendetwas anderes, und derart ist Gott. Alle Geschöpfe sind in dem zusammengehalten, was er ist«.

Meister Eckhart, *Pr.* 80 (DW 3), 384,3–5

Albertus Magnus, *De caus. et proc. univ.* l. 2 tr. 4 c. 5 (Ed. Colon. 5/2), 160,6–8

Waz ist einvaltic? Daz sprichet bischof Albreht: daz dinc ist einvaltic, daz an im selber ein ist âne ander, daz ist got, und alliu **vereintiu dinc haltent sich in daz, daz er ist**.

Dives autem ad omnia et simpliciter dives simplicissimum est, quod in uno et **unite omnia continet et habet, quae sunt idem ›ei quod ipsum est‹**.

Im Einklang mit Geyer und Ruh schlussfolgert Retucci:[24]

> »Die Präsenz der albertinischen Paraphrase sollte keineswegs überraschen. Eckhart selbst unterstreicht deutlich in seiner *Responsio* (die Prozessverteidigungsschrift, zuvor bekannt als *Rechtfertigungsschrift*) ihre Zentralität innerhalb seines metaphysischen Projekts: ›Ad undecimum cum dicitur: „In omni creato aliud est esse ⟨et⟩ ab alio, aliud essentia et non ab alio". Dicendum quod hoc verum est, et est verbum Avicennae et Alberti in De causis‹«.[25]

2009 zitiert Wouter Goris in seinem Artikel *The Unpleasantness with the Agent Intellect in Meister Eckhart* die Stelle über das »Licht der Lichter« in der *Predigt* 80 und wie Retucci schreibt er die Stelle Albert zu.[26]

Was Albert »als den Naturphilosophen« angeht, so hat dieser Aspekt in der Forschung wenig Interesse gefunden, sei es, weil die meisten, wenn nicht gar einzigen Belege für Alberts Naturphilosophie, wie gesagt, in den lateinischen Werken gefunden wurden, sei es, weil es sich in den meisten Fällen um einfache Verweise handelt. Interessant ist meines Erachtens jedoch, dass alle expliziten Albert-Zitate in den lateinischen Werken Meister Eckharts aus dem albertinischen Kommentar zu den *Meteora* des Aristoteles stammen. Dieses Interesse für die *Meteora* stellt nämlich eine echte, wenngleich wenig beachtete Verbindung zwischen den Mitgliedern der sogenannten »Schule von Köln« bzw. der »albertinischen Schule« dar. Verloren gegangene Kommentare zu den *Meteora* wurden auch von Berthold von Moosburg sowie von Ulrich von

---

24 RETUCCI, Eckhart, il *Liber de causis* e Proclo (wie Anm. 23), 140 [Dt. Übers. v. Verf.].
25 *Processus contra magistrum Echardum* n. 48 (LW 5), 291,13–292,1.
26 Vgl. W. GORIS, The Unpleasantness with the Agent Intellect in Meister Eckhart, in: S. F. Brown u. a. (Hg.), Philosophical Debates at Paris in the Early Fourteenth Century, Leiden / Boston 2009, 151–159 hier 157.

Straßburg verfasst.[27] Das Interesse seitens Dietrichs von Freiberg gegenüber metereologischen Phänomenen ist wohl bekannt.[28]

Im Falle Eckharts, scheint sich das Interesse am Kommentar Alberts zu den *Meteora* besonders auf die Vorstellung eines natürlichen Ortes zu konzentrieren, ein Thema, das ihm sehr am Herzen liegt und auf das er in den volkssprachlichen Predigten mehrfach zurückkommt. Darauf werde ich im zweiten Teil zurückkommen.

Den ersten Teil möchte ich nun mit einer Betrachtung des Naturphilosophen Albert als Quelle von Meister Eckhart abschließen. Einen wertvollen Beitrag zu diesem Thema leistete Alessandro Palazzo. Im Rahmen der schon erwähnte Forschung zu den Quellen Meister Eckharts macht Palazzo deutlich, dass eine bestimmte Stelle im Traktat *Von abegescheidenheit* – dessen eckhartsche Autorschaft freilich nicht unumstritten ist – aus Alberts des Großen Kommentar zu *De somno et vigilia* stammt, worin Albert die Positionen von Avicenna und Algazali bezüglich der Prophetie zusammenfasst.

Meister Eckhart, *Von abegescheidenheit* tr. 3 (DW 5), 410,7–411,5	Albertus Magnus, *De somno et vig.* l. 3 tr. 1 c. 6 (Ed. Paris. 9), 184b–185b
Ein meister heizet Avicenna, der sprichet: des geistes, der abegescheiden stât, **des adel ist alsô grôz**, swaz er schouwet, daz ist wâr, und swes er begert, des ist er gewert, und swaz er gebiutet, des muoz man im gehôrsam sîn. Und solt daz wizzen vür wâr: swenne der vrîe geist stât in rehter abegescheidenheit, sô twinget er got ze sînem wesene; und möhte er gestân formelôsiclich und âne alle zuovelle, sô næme er gotes eigenschaft an sich. Daz enmac aber got niemanne geben dan im selber; dâ von enmac got niht mêr getuon dem abegescheidenen geiste, wan daz er sich selben im gibet.	Avicenna et Algazel [...] dicunt enim quod intellectus in homine de natura intellectus est agentis, et est proprius ejus effectus: et ideo est separatus et non mixtus corpori [...] Addunt etiam gradus esse in hujusmodi anima intellectuali: quia quidam sortiuntur animas altiores, et quidam inferiores. Altiores quidem quanto universaliter ... Hi autem qui superiores animas sortiuntur, aliquando ita separati sunt intellectus eorum, quod per conformitatem superioribus intelligentiis congruunt: illuminantur ad sciendum ea quae disposita sunt fieri in universo, et sine medio corpore fit, et in tantum exaltant **nobilitatem hujus intellectus**, quod invenitur anima quae omnia scit per seipsam, ut dicunt: et est quoad intellectum quasi **Deus incarnatus**, qui perfectionem habet ad omnia scienda ex seipso [...]

27 Bezüglich Berthold von Moosburg vgl. L. Sturlese, Prolegomena, in: Bertoldus de Mosburch, *Expositio super Elementationem theologicam Procli, Propositiones 184–211*, ed. L. Sturlese adiuv. A. Punzi (CPTMA 6/8), XIII–XX hier XVI. Was Ulrich von Straßburg betrifft, lautet das älteste Repertoire des dominikanischen Ordens (um 1326) aus der Bibliothek der Zisterzienser in Stams: »fr. Ulricus, bachalaureus in theologia, scripsit super librum meth[e]ororum; item super sententias; item summam theologiae«, vgl. L. Pignon, Catalogi et Chronica, accedunt Catalogi Stamsensis et Upsalensis Scriptorum O. P., ed. G. G. Meersseman (MOFPH 18), Roma 1936, 61 n. 24.

28 Vgl. A. Palazzo, »Ez sprichet gar ein hôher meister«: Eckhart e Avicenna, in: Sturlese (Hg.), Studi sulle fonti (wie Anm. 23), 71–112 hier 87–93.

Die Macht des prophetischen Geistes, Körper zu transformieren, wird von Eckhart in Bezug auf die Eigenschaften des abgeschiedenen (*separatus*) Menschen interpretiert. Allerdings gibt es einige Zweifel bezüglich der Annehmbarkeit dieser Hypothese: 1) Es handelt sich nicht um ein wörtliches Zitat; 2) Albert kritisiert die Position Avicennas – und Algazels –, die Eckhart dagegen übernahm. Albert wies sie zurück, indem er sie als *fabula* bezeichnete, wie Quero-Sánchez zu Recht herausgestellt hat.[29] In einem kürzlich erschienenen Artikel zur Naturphilosophie bei Meister Eckhart ermittelt Palazzo eine weitere »Affinität« zwischen den beiden Dominikanern, wiederum in Bezug auf das Phänomen der natürlichen Prophetie und die sogenannte »*fascinatio*«.[30] Sowohl bei Albert dem Großen wie bei Meister Eckhart setzten die beiden Phänomene (*fascinatio* und Prophetie) den Kontext des Hervorgangs im *Liber de causis* voraus. Dies ist jedoch keineswegs ein charakteristisches Merkmal Alberts und erst recht nicht Meister Eckharts. Am Anfang seines *Liber Introductorius* nimmt auch Michael Scotus auf den Hervorgang Bezug, der sich aus der ersten Ursache ergibt, und begründet damit die hierarchische Struktur des Realen. Dabei zitiert er wortgetreu, wenngleich implizit einige Sätze des *Liber de causis*. Es handelt sich um eine der notwendigen philosophischen Voraussetzungen, die jeder gute Astrologe (*bonus astrologus*) kennen muss.[31]

Zwischenergebnis

Aus unserem knappen Überblick seien hier zunächst einige vorläufige Schlüsse gezogen:

1) Die jüngsten Entdeckungen neuer Quellen bzw. neuerer und besser gesicherter Zuschreibungen scheinen die Schlussfolgerungen von Geyer zu bestätigen. Albert hat auf zweierlei Weise einen Einfluss auf Meister Eckharts Denken ausgeübt: als Naturphilosoph, vor allem durch den Kommentar zu den *Meteora*, und als Philosoph, durch den Kommentar zum *Liber de causis*.

2) Daraus ergibt sich, dass der Naturphilosoph Albert vor allem in den lateinischen Werken erwähnt wird – wenn auch nicht ausdrücklich –, während

---

29 Vgl. Quero-Sánchez, Über das Dasein (wie Anm. 8), 649 Anm. 2352.
30 Vgl. A. Palazzo, Eckhart and the Power of Imagination, in: R. Hofmeister Pich /
    A. Speer (Hg.), Contemplation and Philosophy: Scholastic and Mystical Modes of Medieval Philosophical Thought. A Tribute to Kent Emery, Jr. (Studien und Texte zur Geistesgeschichte des Mittelalters 125), Leiden / Boston 2018, 560–583.
31 Vgl. P. Morpurgo, Il concetto di natura in Michele Scoto, in: Clio 22 (1986), 5–21 hier
    6–7. Der Prolog zum *Liber introductorius* wird von Eleonora Andriani im Rahmen eines Projekts bei CETEFIL (Unisalento) herausgegeben.

der neuplatonische Albert eher in den deutschen Werken Verwendung findet. Die Theorie scheint eine weit verbreitete Interpretation von Eckharts Werken zu bestätigen, nämlich dass die lateinischen Werke Eckharts eher »scholastisch« sind, während die in der Volksprache als »mystisch« gelten.[32]

3) Die Erforschung der deutschsprachigen Werke scheint die größten Neuheiten in Aussicht zu stellen. In diesem Fall findet die Interpretation von Kurt Ruh Bestätigung, wonach Eckhart seine Quelle verändert hat, indem er sie ganz in seine »Eigensprache« umgeformt hat. Es reicht, die von Retucci, Goris und Palazzo vorgeschlagenen Zuschreibungen zu betrachten und mit Alberts Text zu vergleichen.

4) Obwohl Alberts Kommentar zum *Matthäusevangelium* in Eckharts Werk am häufigsten zitiert wird, hat dies bisher kein Interesse in der Eckhart- und Albertforschung geweckt.

Teil II: Was gibt es Neues?

II.1 Albert als Naturphilosoph

Wenn wir von den expliziten zu den impliziten Quellen übergehen, ändert sich das Bild sowohl im quantitativen wie im qualitativen Sinn: in quantitativer Hinsicht, weil sich anhand der Albert- und Eckhart-Editionen, wie von Geyer erhofft, neue Quellen ausfindig machen lassen. Dank des vorläufigen Index zum Werk Eckharts, den Loris Sturlese mir großzügigerweise zur Verfügung gestellt hat, habe ich 100 verschiedene Andeutungen albertinischen Ursprungs gezählt. Zum überwiegenden Teil werden sie von Eckhart stillschweigend verwendet oder als »Lehre der Meister« (*quidam dicunt, sapientes*) zitiert. Was die lateinischen Werke anbelangt, finden sich die meisten expliziten bzw. häufiger impliziten Albert-Zitate im ersten und zweiten *Genesiskommentar*. Sie ergänzen oft Hauptnachweise aus Aristoteles, Averroes und Avicenna und stellen somit keine albertinische Spezifik dar. Man könnte dann vielleicht sagen, dass Albert der jüngste und christlichste dieser Autoren ist. Wie bereits erwähnt, ist Alberts Kommentar zu den *Meteora* das am häufigsten explizit zitierte Werk.

Albert wird vier Mal namentlich erwähnt und dabei zwei Mal mit exakter Angabe von Werk und Stellenangabe. Die Zitate beziehen sich auf das Manna und auf die Frage nach der natürlichen Anordnung der Elemente, im Besonderen von Wasser und Erde. Dieses letztgenannte Thema verdient es, weiter untersucht zu werden.

---

32 Vgl. K. RUH, Meister Eckhart. Theologe, Prediger, Mystiker, München 1989, 188–196; RETUCCI, Eckhart, il *Liber de causis* et Proclo (wie Anm. 23), 143.

Die Idee, dass die sich steigernde Immaterialität der Elemente ihrer höheren Stellung entspricht, ist sicher aus dem albertinischen Problemkomplex entnommen, »*superiora [elementa] sunt formalia et spiritualia respectu inferiorum*«.[33] Eckhart nutzt die *ratio Alberti*, um seine Theorie des »natürlichen Ortes« zu begründen, wie die folgende Stelle zeigt:

> »[…] ratio Alberti quae talis est: elementum quanto est formalius, tanto est spatiosius et maiorem locum et sphaeram occupat; e converso quanto materialius, tanto est minus in quantitate et minus spatium occupat. Ignis igitur, inter elementa formalior, tantus est in quantitate et spatio, ut totum concavum orbis lunae impleat. Aer vero, utpote materialior et grossior igne, minus spatium occupat, ut iam non sufficeret implere totum concavum orbis lunae, sed nihilominus sufficit implere totum concavum ignis et complete circumdare ubique sphaerice totam sphaeram inferiorum elementorum, scilicet aquae et terrae. Aqua vero, utpote adhuc amplius materialis et minus formalis, contractior est quantitate et spatio, ita ut ›nec uniformiter nec complete‹ possit operire sphaerice totam terram, sed potius ad modum circuli et sphaerae imperfectae partem terrae operit et includit, alia parte terrae nuda remanente«.[34]

Wie bereits erwähnt, ist dies eine schon Geyer bekannte Stelle. Unbekannt ist jedoch die Tatsache, dass Eckhart auch in seinen volksprachlichen Werken die gleiche albertinische Theorie anwendet. Was ist Raum? Das, was von Begrenzungen umgeben ist, mit deren Hilfe festgelegt werden kann, was inner- und außerhalb liegt. In diesem Sinn ist es ein »*locus*« (Ort), der etwas enthält und selbst Teil eines Inhalts sein kann. Wir finden diese Erklärung in der *Predigt* 36b, in der Eckhart behauptet, dass Gott ein »*stat*« (Ort) ist, oder besser: er ist der »*natiurlich stat*« (»natürliche Ort«) aller Kreaturen:

> »›Jâcob der patriarche kam in eine stat und wolte ruowen in dem âbende, dô diu sunne was nidergevallen‹. Er sprichet: ›in eine stat‹, er ennennet ir niht. Diu stat ist got. Got der enhât niht eigens namen und ist ein stat und ist setzunge aller dinge und ist natiurlich stat aller crêatûren. Der himel der enhât keine stat in sînem hœhsten und in sînem lûtersten, mêr: in sînem nidervalle, sîner würkunge ist er stat und setzunge aller lîplîchen dinge, diu under im sint. Und daz viur ist stat des luftes, und der luft ist stat des wazzers und des ertrîches. Daz ist stat, daz mich umbevangen hât, dâ ich inne stân. Alsô hât der luft umbevangen daz ertrîche und daz wazzer. Ie daz dinc kleinlîcher ist, ie ez kreftiger ist; dâ von mac ez gewürken in diu dinc, diu grœber sint und diu under im sint. Daz ertrîche enmac niht eigenlîche stat gesîn, wan ez ze grop ist und ouch daz niderste ist von den elementen. Daz wazzer ist ein teil stat; wan ez subtîler ist, dâ von ist ez kreftiger. Ie daz element kreftiger ist und kleinlîcher, ie ez baz setzunge und stat ist des andern. Alsô ist der himel stat aller lîplîchen dinge, und er enhât keine stat, diu lîplich sî«.[35]

---

33 Vgl. Albertus Magnus, *Meteora* l. 2 tr. 3 c. 2 (Ed. Colon. 7/1), 84,14–47.
34 Eckhart, *In Gen.* I n. 57 (LW 1/1), 225,11–226,9.
35 Eckhart, *Pr.* 36b (DW 2), 200,3–201,40; Übersetzung (ebd.), 673: »›Jakob, der Patriarch, kam an eine Statt und wollte ruhen am Abend, als die Sonne niedergegangen

Gott ist wie der Himmel: ein natürlicher Ort, ohne dass er an irgendeinem physischem Ort ist. Sofort danach erläutert Eckhart was denn ein natürlicher Ort sei. Es handelt sich um die traditionelle Theorie des Aristoteles,[36] nach der jedes Element (Feuer, Luft, Wasser, Erde) hierarchisch im Kosmos geordnet hinsichtlich des Ortes vorkommt, den es natürlicherweise und notwendigerweise einnehmen muss. Laut Albert beruht diese Hierarchie auf den chemischen Eigenschaften der Elemente: je gröber das Element ist, um so niedriger ist es verortet, je feiner es ist, um so höher ist es verortet:

>»Causa huius naturalis est, quia inferiora elementa sunt sicut materia respectu superiorum et superiora sunt formalia et spiritualia respectu inferiorum; et ideo multo plus habent de loco quam inferiora« (*Meteora* l. 2 tr. 3 c. 2 [84,14–17]).

Das feinste Element ist also der Ort des gröbsten Elements. Da der Himmel das reinste Element ist, enthält er alles, er selbst ist aber in nichts enthalten.

Eckhart nimmt hier eine bereits diskutierte Theorie auf, die er sowohl im Kommentar zum *Johannesevangelium* (Vers 1,38 *Ubi habitas?*)[37] als auch im Kommentar zur *Genesis* (Vers 1,2 *Spiritus dei ferebatur super aquas*) darlegt und die er anhand von Maimonides, Aristoteles und Albert dem Großen entwickelt. Aus Maimonides bezieht er die Identifizierung der verschiedenen Begriffe der ersten Verse der *Genesis* mit den Elementen wie auch deren ontologische Anordnung.[38] Aus Albert dem Großen entnimmt er die Diskussion des Raumbegriffs:[39]

---

war‹ ⟨vgl. 1 Mos. 28,10f.⟩. Er sagt: ›an eine Statt‹, er nennt sie ⟨aber⟩ nicht. Diese Statt ist Gott. Gott hat keinen eigenen Namen und ist eine Statt und ist eine Placierung aller Dinge und ist natürliche Statt aller Geschöpfe. Der Himmel hat in seinem Höchsten und in seinem Lautersten keine Statt; in seinem Abfall, seiner Wirkung aber ist er Statt und Placierung aller körperlichen Dinge, die unter ihm sind. Und das Feuer ist Statt der Luft, und die Luft ist Statt des Wassers und der Erde. Das ist Statt, was mich umfangen hat, worin ich stehe. So hält die Luft die Erde und das Wasser umfangen. Je subtiler ein Ding ist, um so kräftiger ist es; daher vermag es in die Dinge ⟨hinein⟩ zu wirken, die gröber sind und die unter ihm sind. Die Erde ⟨= das Element⟩ kann nicht im eigentlichen Sinne Statt sein, weil sie zu grob ist und das unterste der Elemente ist. Das Wasser ist teilweise Statt; weil es subtiler ist, deshalb ist es kräftiger. Je kräftiger und subtiler ein Element ist, um so mehr ist es Placierung und Statt eines anderen. So ist der Himmel Statt aller körperlichen Dinge, er selbst aber hat keine Statt, die körperlich wäre«.

36 Vgl. Aristoteles, *Physica* IV 4 (210b34–211a6).
37 Vgl. Eckhart, *In Ioh.* I n. 199–222 (LW 3), 168–186.
38 Vgl. Y. Schwartz, Divine Space and the Space of the Divine: On the Scholastic Rejection of Arab Cosmology, in: T. Suarez-Nani / M. Rohde (Hg.), Représentations et conceptions de l'espace dans la culture medievale (Scrinium Friburgense 30), Berlin / Boston 2011, 89–119.
39 Eckhart, *In Gen.* I n. 57 (LW 1/1), 225,11–226,9.

Albertus Magnus, *Meteora* l. 2 tr. 3 c. 2 (Ed. Colon. 6/1), 84,14–16.17–20	Meister Eckhart, *In Gen.* I n. 57 (LW 1/1), 225,8–226,1	Meister Eckhart, *Pr.* 36b (DW 2), 200,8–201,4
Causa autem huius naturalis est, quia inferiora elementa sunt sicut materia respectu superiorum et superiora sunt formalia et spiritualia respectu inferioriorum […]. Et ideo ignis spiritualissimus et subtilissimus corporum totum implet caeli concaum et aër minus spiritualis implet concavum minus, scilicet ignis. […]	[…] **ratio Alberti quae talis est: elementum quanto est formalius, tanto est spatiosius et maiorem locum et sphaeram occupat; e converso quanto materialius, tanto est minus in quantitate et minus spatium occupat.** Ignis igitur, inter elementa formalior, tantus est in quantitate et spatio, ut totum concavum orbis lunae impleat. […]	Und daz viur ist stat des luftes, und der luft ist stat des wazzers und des ertrîches. Daz ist stat, daz mich umbevangen hât, dâ ich inne stân. Alsô hât der luft umbevangen daz ertrîche und daz wazzer. Ie daz dinc kleinlîcher ist, ie ez kreftiger ist; dâ von mac ez gewürken in diu dinc, diu gröber sint und diu under im sint. **Daz ertrîche enmac niht eigenlîche stat gesîn, wan ez ze grop ist und ouch daz niderste ist von den elementen. Daz wazzer ist ein teil stat; wan ez subtîler ist, dâ von ist ez kreftiger. Ie daz element kreftiger ist und kleinlîcher, ie ez baz setzunge und stat ist des andern**. Alsô ist der himel stat aller lîplîchen dinge, und er enhât keine stat, diu lîplich sî. […]

Wie man erkennen kann, handelt es sich sowohl im *Genesiskommentar* als auch in der *Predigt* 36b um dieselbe Diskussion, die Albert dem Großen viel zu verdanken hat.

In der Predigt finden wir jedoch zusätzlich etwas anderes: Nach der synthetischen Darlegung der Theorie des natürlichen Ortes spricht Eckhart in der ersten Person (*ich*) und bietet seine Definition des Begriffs »Ort«: der Ort ist, was mich umgibt und in dessen Innerem ich mich aufhalte.[40] Die Parallelität ist bemerkenswert und darauf wird durch kein Wort, wie etwa »Gleichnisse«, hingewiesen. Eckhart spricht vom natürlichen Ort, der sowohl Gott als auch der Himmel ist.

So wie die Elemente einen natürlichen Ort haben, so habe auch ich einen eigenen Ort, an dem ich verortet bin. Was ist mein natürlicher Ort, der natürliche Ort meiner Seele? Die Antwort darauf lautet: Die Göttlichkeit, die, wie der Ort, an dem der Patriarch Jakob ausruht, ohne Namen ist. In der Göttlichkeit, meinem natürlichen Ort, der mich umgibt und in dem ich bin, findet meine Seele Ruhe und Frieden. Wenn auch nicht explizit, so bezieht sich Eckhart erneut auf die Theorie der natürlichen Orte. Jedes Element

---

40 ECKHART, *Pr.* 36b (DW 2), 200,9–10: »Daz ist stat, daz mich umbevangen hât, dâ ich inne stân«.

wünscht, zum natürlichen Ort zurückzukehren: der in die Luft geworfene Stein will zur Erde zurück, das Feuer strebt nach oben, die im Wasser gefangene Luft treibt nach oben. Daher will die Seele auch zu ihrem natürlichen Ort gelangen, und zwar zu Gott. Ist dies nun ein simpler Vergleich, eine didaktisch eingesetzte Analogie oder steckt mehr dahinter? Meiner Meinung nach handelt es sich hier nicht um eine Analogie. Eckhart unterstreicht es im eben kommentierten Abschnitt *Predigt* 36b: »*Got* [...] *ist natiurlich stat aller creaturen*« (Albertus Magnus: »*Causa autem huius naturalis est*«).[41] Wenn Gott ein natürlicher Ort ist, gelten die Gesetze, die die Beziehungen zwischen Wesen und Elementen regeln, daher auch für die Beziehung zwischen Mensch und Gott: so wie jedes Element einen eigenen Ort besitzt, in dem es notwendigerweise und natürlich besteht und zu dem es notwendigerweise und natürlich wieder zurückkehren muss, wenn es sich davon entfernt hat, so muss auch die Seele ihren eigenen natürlichen Ort haben, zu dem sie notwendigerweise zurückkehren muss.

Daraus ergibt sich, dass der Unterschied zwischen lateinischen und deutschen Werken darin besteht, dass in den deutschen Werken zwar der albertinische Raumbegriff ein wissenschaftliches Modell ist, das dazu dient, ein metaphysisches Konzept zu erklären, nämlich dasjenige des natürlichen Ortes der Seele. In seinem *Genesiskommentar* und in der *Predigt* 36b verwendet Eckhart jedoch Alberts Lehre von der Hierarchisierung der Elemente. Diese Hierarchie, welche die Elemente dazu bringt, ihren natürlichen Ort einzunehmen, wird von Eckhart sowohl moralisch als auch metaphysisch interpretiert. In beiden Fällen zitiert Eckhart dabei die Stelle aus den albertinischen *Meteora*.

Das zitierte Beispiel hilft uns, den starren Unterschied zwischen Naturphilosophie und Philosophie, sowie zwischen einem »Naturphilosophen-Albert« und einem »Neuplatoniker-Albert« zu hinterfragen. Die differenzierte Nutzung, die Eckhart von der gleichen Stelle in zwei verschiedenen Kontexten macht, ist ein wichtiges Indiz, das es verdient, näher untersucht zu werden.

Ein weiteres Beispiel: Eckhart bezieht sich oft auf das gemeinsame Schicksal des Menschen, der als Abbild Gottes in sich selbst die Möglichkeit trägt, göttlich zu sein, wenn er denn dazu bereit ist, sich verändern zu lassen, um das hervorzubringen, was an Reinem und Edlen in ihm vorhanden ist. Dies wird in der *Predigt* 108 mit einer interessanten Metapher ausgedrückt:

»Weste ein krût, daz ez von sîner kranken natûre beroubet würde und würde gewandelt an ein alsô edele natûre und leben, als der mensche ist, ez gerte von natûre mit aller kraft, da ez dem menschen ze einer spîse würde, wan alliu diu spîse, die der mensche enpfaehet, diu im

---

41 ECKHART, *Pr.* 36b (DW 2), 200,5–6; Übersetzung (ebd.), 673: »Gott [...] ist natürliche Statt aller Geschöpfe«; ALBERTUS MAGNUS, *Meteora* l. 2 tr. 3 c. 2 (Ed. Colon. 6/1), 84,14.

wol gevüeget, diu wirt gewandelt an sîn vleisch und an sîn bluot und wirt ein leben mit
im. Ist aber diu spîse ungeseinet (*Konjektur*: ungeseihet) oder ungeliutert oder ungar oder
rô, sô envereinet si sich niht mit dem menschen: si gât im zwischen vel und vleisch und
swert im ûz dem lîbe. Und dâ von kumet aller meist krankheit und allerleie suht«.[42]

Wie in der mittelalterlichen Medizin überliefert,[43] muss die Nahrung für eine
Assimilierung geeignet und angemessen sein und daher dem Körperbau entsprechen. Um die Terminologie Eckharts zu verwenden, muss sie sich dem
Organismus gut anpassen. In diesem Fall verändert sich die Speise und wird
zum Leben des Menschen. Es kann trotzdem vorkommen, dass die Nahrung
für den Organismus nicht geeignet ist, d. h. ihm nicht entspricht. In diesem
Fall schafft es der Organismus nicht, die Speise zu assimilieren bzw. dement-
sprechend auszustoßen, sondern sie sammelt sich unter der Haut an und
führt zu Abszessen und Tumoren. Dabei entsteht ein der Assimilierung exakt
gegenläufiges Phänomen, das *Apostema*, das Eckhart anhand von *De animalibus*
des Albertus Magnus beschreibt:

»[…] est simile ei quod generatur ex cibo quando sumitur qui non est secundum naturam
conveniens: ille enim putrescens convertitur in apostemata si ad exteriora cutis erumpit«.[44]

---

42 ECKHART, *Pr.* 108 (DW 4/3), 743,9–16; die Übersetzung ist von Dagmar Gottschall, der
   ich an dieser Stelle sehr herzlich danken möchte: »Wüsste ein Kraut, dass es von seiner
   schwachen Natur befreit und verwandelt würde in eine so edle Natur und ein so edles
   Leben wie der Mensch ist, es begehrte von Natur aus mit aller Kraft, dass es dem
   Menschen zur Speise würde, denn jede Speise, die der Mensch empfängt / aufnimmt
   und die ihm gut bekommt, die wird verwandelt in sein Fleisch und in sein Blut und
   wird ein Leben mit ihm. Ist die Speise aber ungefiltert (*Konjektur*: ungeseihet) oder
   ungereinigt oder ungekocht oder roh, vereinigt sie sich nicht mit dem Menschen: sie
   geht ihm zwischen Haut und Fleisch und eitert ihm aus dem Leib. Und davon kommen die allermeisten Krankheiten und allerlei Beschwerden«.
43 Vgl. J. ZIEGLER, Medicine and Immortality in Terrestrial Paradise, in: P. Biller / J. Ziegler (Hg.), Religion and Medicine in the Middle Ages (York Studies in Medieval Theologie 3), York 2001, 201–242; I. M. RESNICK, Humoralism and Adam's Body: Twelfth
   Century Debates and Petrus Alfonsi's Dialogus contra judaeos, in: Viator. Medieval
   and Renaissance Studies 36 (2005), 181–195.
44 ALBERTUS MAGNUS, *De animal.* l. 18 tr. 2 c. 3, ed. H. Stadler (Beiträge zur Geschichte der
   Philosophie des Mittelalters. Texte und Untersuchung 16), Münster 1920, 1224,21–23;
   vgl. auch ALBERTUS MAGNUS, *De animal.* l. 3 tr. 2 c. 6, ed. H. Stadler (Beiträge zur Geschichte der Philosophie des Mittelalters. Texte und Untersuchung 15), Münster 1916,
   341,9–18: »Adhuc autem cum sanguis bene fuerit decoctus et digestus, fit ex eo sepum
   quando est calor temperatus, non consumens, sed multum convertens de sanguine: et cum
   sanguis qui est in venis, alteratur et corrumpitur a dispositione propria, tunc aliquando
   effunditur de epate in stomachum et exit per vomitum, et aliquando aperiuntur orificia
   venarum capitis, et fluit de naribus. Cum autem non exit, sed putrescit in aliquo membro
   in quod effusus est a venis, fit virus et apostema, et exit a corpore putredo, quando virus

So wie ein ungeeignetes Essen nicht verdaut werden kann und sich dann in eine für den Organismus inkompatible und schädliche Substanz verändert, so wird Gott für einen nicht entsprechend geläuterten und gereinigten Menschen eine transzendente und von ihm vollkommen abweichende Wesenheit bzw. zur Figur des strengen Richters.[45] Auch wenn die deutliche Parallelität zwischen Gott als Richter und einem Geschwür bizarr erscheinen mag, zeigt dieses Beispiel doch, wie Eckhart das Verhältnis zwischen Mensch und Gott als ein natürliches Verhältnis darstellt, das notwendigerweise zu einer Einheit oder Vereinigung führt, wie dies zwischen dem Essen und dem Körper oder dem natürlichen Ort mit seinem Element geschieht.

Die Natürlichkeit, die dieses Modell mit sich bringt und dem zuvor genannten ähnelt (und darin liegt seine Wirkung), ermöglicht es, eine Beziehung zwischen Gott und Mensch als eine physische Notwendigkeit zu sehen: sie unterliegt den bekannten und anerkannten Gesetzen, die Eckhart in seinen deutschen Werken als Notwendigkeit (*von not*) und Zwang (*zwingen*) erklärt.[46]

So wie die Nahrung, um vom Organismus absorbiert werden zu können, einen langen Verwandlungsprozess benötigt, der sie reinigt, um sie assimilierbar zu machen, so muss die Seele, um Gott in sich aufzunehmen und zu (er)halten, sich einem Reinigungs- und Verwandlungsprozess unterziehen.

In seinen Werken schreibt Eckhart diese Purifikation der Liebe zu, welche die Seele reinigt und für das Göttliche vorbereitet. Um den Purifikationsprozess der Liebe darzustellen, verwendet Eckhart erneut das Verdauungsmodell mit explizitem Bezug auf die Funktion der körperlichen Wärme als Reinigungsinstrument. Dank der natürlichen Wärme wird das Essen gereinigt und gesäubert und die ungesunden Teile werden durch ein »Kochen durch Garen« gereinigt, das dann eine nährende Flüssigkeit bildet, die vom Körper aufgenommen wird.

Wie die Verdauung durch Wärme die Speisen verändert und nur das entnimmt, was eigentlich, rein und süß bzw. für die Ernährung des Körpers geeignet ist, so verändert die Wärme der Liebe die Seele des Menschen und entfernt das Unreine, um so geeignet zu sein, sich zu Gott zu bekehren.

---

maturatum fuerit et conversum in saniem«. Dazu J. CADDEN, Albertus Magnus' Universal Physiology: the Exemple of Nutrition, in: J. A. Weisheipl OP (Hg.), Albertus Magnus and the Sciences. Commemorative Essays (Studies and Texts 49), Toronto 1980.

45 Vgl. ECKHART, *Pr.* 108 (DW 4/3), 743,19–20.
46 Vgl. ECKHART, *Rede der underscheidunge* c. 1 (DW 5), 187,1–2; *Pr.* 22 (DW 1), 385,5–6; *Pr.* 104 (DW 4/1), 588,246–589,248; L. Sturlese spricht von einer metaphysischen Notwendigkeit, siehe DERS., Meister Eckhart. Ein Porträt (Eichstätter Hochschulreden 90), Regensburg 1994, 9.

Wir finden einen Bezug zur Wärme als Instrument der Purifikation und damit zur Assimilierung und Veränderung ins Göttliche in der *Predigt* 20a *Homo quidam fecit cenam magnam,* die sich mit dem mystischen Abendmahl befasst, und somit mit der Eucharistie:

A.

»Sant Augustînus gedâhte von dirre spîse, dô grûwelte im und ensmeckete im niht. Dô hôrte er eine stimme bî im von oben: ›ich bin ein spîse grôzer liute, wahs und wirt grôz und iz mich. Dû ensolt aber niht wænen, daz ich in dich gewandelt werde: dû solt in mich gewandelt werden‹. Swenne got würket in der sêle, in dem brande der hitze, sô wirt geliutert und ûzgeworfen, waz dâ unglîches ist an der sêle. Bî lûterer wârheit! Diu sêle tritet mê in got dan kein spîse in uns, mêr: ez wandelt die sêle in got. Und ein kraft ist in der sêle, diu spaltet abe daz gröbeste und wirt vereinet in got: daz ist daz vünkelîn der sêle. Noch einer wirt mîn sêle mit gote dan diu spîse mit mînem lîbe«.[47]

Eckhart vergleicht hier deutlich das Werk Gottes im Menschen mit der natürlichen Wärme des Körpers: all das Läutern (*liutern*) und Beseitigen (*ûzwerfen*) dessen, was ungleich (*unglîches*) ist, damit die Seele sich mit Gott vereinigen kann. Das Göttliche des Menschen ist eine Tugend (*kraft*) der Seele, die mit Gewalt das trennt (*abspaltet*), was grob ist (*grobe*) und in diesem Prozess vereinigt sich die Seele mit Gott. Die benutzte Terminologie entspricht der medizinischen Beschreibung des Verdauungsprozess, wie eine andere Stelle klar zeigt:

B.

»Dâ von hât er sich bekleidet mit dem rocke der glîchnisse des brôtes, englîches als diu lîplich spîse gewandelt wirt mit mîner sêle, daz enkein winkelîn in mîner natûre niht enist, ez enwerde dar în vereinet. Wan ein kraft ist in der natûre, diu scheidet abe daz gröbeste und wirfet ez ûz, und daz edelste treget si ûf, daz niendert sô vil als ein nâdelspitze enist, ez ensî dâ mite vereinet. Daz ich vor vierzehen tagen az, daz ist alsô ein mit mîner sêle, als daz ich in mîner muoter lîbe enpfienc. Alsô ist, der lûterlîche enpfæhet dise spîse: der wirt alsô wærlîche mit ir ein, als vleisch und bluot mit mîner sêle ein ist«.[48]

---

47 ECKHART, *Pr.* 20a (DW 1), 331,3–11; Übersetzung (ebd.), 506: »Sankt Augustinus dachte über diese Speise nach, da graute ihm, und sie schmeckte ihm nicht. Da hörte er eine Stimme von oben dicht bei sich: ›Ich bin eine Speise großer Leute, wachse und werde groß und iß mich. Du darfst aber nicht wähnen, daß ich in dich verwandelt werde: du wirst ⟨vielmehr⟩ in mich verwandelt werden‹. Wenn Gott in der Seele wirkt, so wird im Brande der Hitze geläutert und ausgeworfen, was es an Ungleichem gibt in der Seele. Bei der lauteren Wahrheit! Die Seele geht mehr in Gott ein als irgendwelche Speise in uns, mehr noch: es verwandelt die Seele in Gott. Und es gibt eine Kraft in der Seele, die spaltet das Gröbste ab und wird mit Gott vereint: das ist das Fünklein der Seele. Noch mehr wird meine Seele mit Gott eins als die Speise mit meinem Leibe«.

48 ECKHART, *Pr.* 20a (DW 1), 328,5–13; Übersetzung (ebd.), 505: »Deshalb hat er sich mit dem Gewande der Brotgestalt bekleidet, ganz so wie die leibliche Speise durch meine Seele gewandelt wird, so daß es kein Winkelchen in meiner Natur gibt, das nicht darein

Wenn wir die beiden Stellen miteinander vergleichen, können wir erkennen, dass die verwendeten Begriffe und Bilder in beiden Fällen dieselben sind. Im Abschnitt B ist die Tugend (*kraft*) in der Natur des Körpers, der die Speise assimiliert, nachdem er diese von allem Unreinen gereinigt hat, das dann ausgestoßen wird. Im Abschnitt A ist die Tugend hingegen in der menschlichen Seele und entspricht der Aktion des Göttlichen in der Seele. In beiden Fällen (geistiger und körperlicher Bereich) benutzt Eckhart dieselbe körperliche Terminologie der Verdauung, d. h. Wärme, Purifikation, Trennung, Ausstoßung und Assimilierung.

Die implizite Quelle, die Josef Quint nicht bemerkte, ist *De homine*, in der Albert der Große den Verdauungsprozess kurz beschreibt (in Klammern und Kursive die mit Eckhart gemeinsamen Wörter):

»Calor (*brande der hitze*) enim digestivus qui congregat homogenea sibi, hoc est subtile, spirituale, dulce, humidum, et disgregat (*abescheidet, abespaltet*) heterogenea (*unglîches*) sibi, hoc est grossum (*daz gröbeste*), terrestre, aquosum, expellendo (*ûzwerfet*), ille est de natura ignis«.[49]

Eckhart verwendet somit präzise und unter Anwendung einer korrekten Terminologie ein körperliches Modell, um einen göttlichen Prozess zu beschreiben.

Wenn, wie mir scheint, Eckharts Quelle Albert »der Naturphilosoph« ist, so folgen darauf bestimmte Überlegungen, und zwar:

1) Die eben beschriebenen »natürlichen« Modelle (einschließlich des gesamten Spektrums des Unausgesprochenen oder Impliziten) treten nicht nur in den lateinischen Werken in Erscheinung, sondern auch in der Homiletik in der Volkssprache. Das wirft die Frage nach dem Publikum auf, an das sich diese Predigten richten: Ob sie literarische, vor allem für die Lektüre konzipierte Produkte sind, wie Sturlese vermutet,[50] oder ob sie als redigierte Stenogramme historisch gehaltener Predigten zu betrachten sind. Die Komplexität der verwendeten Metaphern regt so zumindest eine Reflexion über das Laienpublikum an, an die sich diese Predigten richten sollten. Das Publikum,

---

vereinigt wird. Denn es gibt eine Kraft in der Natur, die löst das Gröbste ab und wirft es aus; aber das Edelste trägt sie empor, so daß nirgends soviel wie eine Nadelspitze verbleibt, das nicht damit vereint werde. Was ich vor vierzehn Tagen aß, das ist so eins mit meiner Seele wie das, was ich in meiner Mutter Leib empfing. So ist es mit dem, der auf lautere Weise diese Speise empfängt: der wird so wahrhaft mit ihr eins, wie Fleisch und Blut mit meiner Seele eins sind«.

49 ALBERTUS MAGNUS, *De homine* (Ed. Colon. 27/1), 111,68–71.

50 Vgl. L. STURLESE, Observations sur la prédication d'Eckhart. Le rôle des prédications dans l'ensemble de l'œuvre d'Eckhart, avec quelques réflexions sur la »locutio emphatica«, in: Revue des Sciences Philosophiques et Théologiques 98 (2014), 443–455; DERS. (Hg.), Meister Eckhart, Le 64 prediche tedesche sul tempo liturgico, Milano 2014, XXVII–XXX.

für das diese Predigten gedacht waren, musste in der Lage sein, die unter dem Deckmantel der Metapher gemachten gebildeten und gelehrten Verweise zu erkennen.

2) Palazzo hat unlängst von Eckhart als einem »Naturphilosophen« gesprochen.[51] Ich stimme mit seiner radikalen Lesart des eckhartschen Werkes nicht überein, doch kann nicht bezweifelt werden, dass Eckhart ein tiefes Interesse für die Naturphilosophie hegte, wie wir erklärt haben. Dieses Interesse spricht sich nicht nur in präzisen Betrachtungen aus, die in seinen exegetischen Werken verstreut sind, sondern auch in dem umfänglichen Gebrauch von Naturmetaphern. Das Werk Eckharts ist reich an Metaphern, die nicht nur eine rhetorische Finesse des Predigers darstellen, sondern ein Modell darlegen, das die Denkweise strukturiert und damit auch die Art und Weise, wie das Verhältnis zwischen Mensch und Gott zu sehen ist. Außer den bekanntesten, wie z. B. der Interpretation von Form und Materie als Mann und Frau,[52] gibt es auch einige, die wenig oder gar nicht bekannt sind bzw. kaum untersucht wurden: etwa die Metapher des Sehens, der Dagmar Gottschall einen Beitrag gewidmet hat,[53] oder – noch weniger untersucht – die Metapher der Verdauung und der Assimilation der Nahrung im Körper als Vorbild für die Einigung zwischen Gott und dem menschlichen Geist; die Darstellung Gottes als natürlicher Ort aller Kreaturen; die Vorstellung eines Weltbildes, nach dem der Himmel durch die Vermittlung der Sonne und der Sterne seine Kraft den Steinen, Tieren und Kräutern eingibt als Modell der Demut und des demütigen Menschen gegenüber Gott.[54] In all diesen Fällen handelt es sich um Bilder, die sowohl in den lateinischen als auch in den deutschen Werken vorkommen und zum Teil wörtlich auf das Vorbild Alberts zurückgehen.

3) Der Rekurs auf albertinische Texte legt nahe, dass diese Bilder nicht bloß ein geschicktes rhetorisches Mittel sind, sondern ein angemessenes und überzeugendes Erklärungsmodell, das die Vereinigung mit dem Göttlichen als natürlichen Prozess erklärt. Die Naturphilosophie ist für Eckhart somit kein Selbstzweck, sondern die Weise, in der das Göttliche sich in der Heiligen Schrift und in der Natur ausdrücken kann.

---

51 Palazzo, Eckhart and the Power of Imagination (wie Anm. 30), 560.
52 Zu den Stellenangaben siehe A. Beccarisi, Nuditas, in: I. Atucha u. a. (Hg.), Mots médiévaux offerts à Ruedi Imbach (Textes et Etudes du Moyen Âge 57), Porto / Turnhout 2011, 473–484.
53 Vgl. D. Gottschall, *Dô gedâhte ich ein glîchnisse*. Gleichnisse des Sehens in den deutschen Predigten Meister Eckharts, in: Meister-Eckhart-Jahrbuch 9 (2015), 47–69.
54 Vgl. A. Palazzo, Predigt 54a: ›Unser herre underhuop und huop von unden ûf sîniu ougen‹. Predigt 54b: ›Haec est vita aeterna‹, in: G. Steer u. a. (Hg.), Lectura Eckhardi IV. Predigten Meister Eckharts von Fachgelehrten gelesen und gedeutet. Stuttgart 2016, 29–61.

II.2 Zwischenspiel: »Ut plerique errantes putant«.

Eckhart gegen Albert den Großen

In der Geschichte, die wir hier erzählen, ist die Beziehung zwischen Meister und Schüler nicht so idyllisch, wie es scheint. Im Gegenteil, es ist möglich, eine distanzierte (wenn auch stillschweigende) Haltung Eckharts gegenüber Albert dem Großen zu identifizieren.

Ausgangspunkt ist eine in der Eckhartforschung wenig bekannte Stelle aus dem Kommentar zum ersten Vers des Buches Genesis »*In principio*«.

»De primo sciendum quod principium, in quo ›creavit deus caelum et terram‹, est ratio idealis. Et hoc est quod Ioh. 1 dicitur: ›in principio erat verbum‹ – Graecus habet logos, id est ratio – et sequitur: ›omnia per ipsum facta sunt, et sine ipso factum est nihil‹. Uniuscuiusque enim rei universaliter principium et radix est ratio ipsius rei. Hinc est quod Plato ponebat ideas sive rationes rerum principia omnium tam essendi quam sciendi. Hinc est et tertio quod commentator VII Metaphysicae dicit quod quiditas rei sensibilis semper fuit desiderata sciri ab antiquis, eo quod ipsa scita sciretur causa prima omnium. Vocat autem commentator primam causam non ipsum deum, ut plerique errantes putant, sed ipsam rerum quiditatem, quae ratio rerum est, quam diffinitio indicat, causam primam vocat. Haec enim ratio est rerum ›quod quid est‹ et omnium rei proprietatum ›propter quid est‹. Est enim diffinitio et demonstratio sola positione differens, ut ait philosophus«.[55]

Das Prinzip, nach dem Gott die Welt schuf, ist für Eckhart das ideale Modell, es ist *ratio essendi* und *ratio cognoscendi* der Sache selbst. Es ist ein Vernunftgrund (*ratio rei*), d. h. die Wesenheit der sinnlichen Sache (*quiditas rei sensibilis*), die nach Aristoteles gleichbedeutend ist mit ihrer Definition und ihrem wissenschaftlichen Beweis (*demonstratio*). Eckhart zitiert an dieser Stelle den Kommentar von Averroes, wonach die Philosophen immer und bislang das Wesen der sinnlichen Dinge gesucht und nicht gefunden haben;[56] hätten sie es gefunden, dann hätten sie die erste Ursache aller Wesen gefunden (»*tunc erit scita prima causa omnium entium*«). Nach Eckhart aber glauben viele irrtümlich (»*plerique errantes putant*«), dass hier Gott gemeint sei. Doch wer sind die *plerique errantes*, von denen Eckhart spricht? Joseph Koch, Herausgeber des *Genesiskommentars* konnte sie nicht identifizieren. Kurt Flasch formulierte die Hypothese, es handele sich um »einige Fromme«, die irrtümlich meinen, sie könnten

---

55 ECKAHRT, *In Gen.* I n. 3 (LW 1/1), 186,13–187,12. Vgl. zum Folgenden auch A. BECCARISI, *Ex Germano in rebus divinis*. »Spekulative« und »deutsche« Mystik im Kontext, in: Quaestio 15 (2015), 169–182.

56 Vgl. AVERROES, *Commentum in Metaphysica* VII comm. 5 (Ed. Venetiis 1562), f. 156ᵣAB.

die Gotteserkenntnis von der Washeit der sinnlichen Dinge ableiten.[57] An dieser Stelle teilt Eckhart jedoch offensichtlich eine Position, die Thomas von Aquin in mehreren seiner Werke verteidigt, und zwar, dass es für den menschlichen Intellekt unmöglich sei, zur Erkenntnis der getrennten Substanz über die Erkenntnis der Washeiten der sinnlichen Dinge zu gelangen.[58] Es handelt sich um eine Theorie, die Thomas von Aquin in seiner *Summa contra Gentiles* Avempace zuschreibt. Avempace habe nämlich behauptet, dass die Erkenntnis der Washeiten der sinnlichen Dinge die Erkenntnis der getrennten Substanzen ermöglicht:

> »Avempace namque posuit quod per studium speculativarum scientiarum possumus ex his intellectis quae per phantasmata cognoscimus, pervenire ad intelligendas substantias separatas. Possumus enim actione intellectus extrahere quidditatem rei cuiuslibet habentis quidditatem quae non est sua quidditas. [...] Potest igitur intellectus noster pervenire via resolutionis ad cognoscendam quidditatem non habentem aliquam quidditatem. Talis autem est quidditas substantiae separatae. Potest igitur intellectus noster, per cognitionem horum sensibilium quae ex phantasmatibus accipitur, pervenire ad intelligendas substantias separatas. [...] Si autem diligenter consideretur, viae istae frivolae invenientur. [...] Non est igitur possibile quod per hoc quod intelligitur quidditas rei sensibilis per phantasmata, intelligatur quidditas substantiae separatae«.[59]

Meister Eckhart hatte aber nicht Avempace im Blick, sondern Albert den Großen und Ulrich von Straßburg. In seinem Kommentar zur *Metaphysik* hatte Albert nämlich die von Eckhart zitierte Stelle aus dem Averroes-Kommentar als Beweis dafür interpretiert, dass die *quiditas rei sensibilis* zur Erkenntnis der ersten Ursache führe, und deswegen immer von allen gesucht werde:

> »Et sic iterum quiditas rei sensibilis conducit ad notitiam causae primae formalis. His igitur de causis ipsa est, ›quod olim et nunc et semper quaesitum est‹ et quaeritur et inquiretur, quia omnes homines natura scire desiderant hoc modo dictam formam primam, quae est fons formarum, et ultimum ›finem, qui sicut in duce exercitus universorum, quae

---

57 Vgl. Flasch, Meister Eckhart (wie Anm. 13), 144.

58 Thomas de Aquino, *Quaestiones disputatae de anima* q. 16 ad 6 (Ed. Leon. 24/1), 147,390–393: »Ad sextum dicendum quod quidditates abstracte a rebus materialibus non sufficiunt ut per eas possimus cognoscere de substantiis separatis quid sunt«; id., *Quaestiones disputatae de veritate* q. 18 a. 5 ad 6 (Ed. Leon. 22/2,2), 547,248–548,258: »Ad sextum dicendum quod intellectus potest abstrahendo pervenire ad quidditatem rei materialis non habentem aliam quidditatem, quam quidem intelligere potest quia eam a phantasmatibus abstrahit et est facta intelligibilis per lumen intellectus agentis, ex quo habet quod ea possit perfici sicut propria perfectione. Sed ex hac quiditate non potest assurgere ad cognoscendum essentiam substantiae separatae, eo quod ista quiditas est omnino deficiens a repraesentatione illius quiditati [...]«.

59 Thomas de Aquino, *Summa contra Gentiles* l. 3 c. 41 nn. 2182.2184, ed. C. Pera et al., Turin/Rom 1961, 48,5–49,3.25–40.

sunt, est in motore primo; ›et‹ ideo ›semper‹ ab antiquis ›⟨quaesitum⟩‹ de ipsa quiditate substantiae individuae designatae, ›quid‹ ipsa sit ›ens, hoc ⟨est⟩ quae substantia‹ sit ipsa quiditas horum sensibilium«.[60]

Ulrich von Straßburg bezieht sich offensichtlich auf diese Stelle, wenn er in *De summo bono* noch deutlicher als Albert die erste Ursache als »*intellectus divinus*« interpretiert:

»Dicit etiam Averroes, immo ipse Aristoteles in VII Metaphysicae, quod notitia huius substantiae, quae est quiditas primae substantiae, conducit ad notitiam causae primae, secundum quod causa prima est forma prima et ultimus finis. Sic enim quaelibet forma hoc, quod ipsa per se et in sua natura est simplex et immaterialis et invariabilis et per se intelligibilis, habet ex hoc, quod ipsa est radius et lumen primae formae, quae est intellectus divinus«.[61]

Eckhart bezieht also gegen eine Theorie eindeutig Stellung, die schon Thomas als »gehaltlos« beurteilt hatte. Doch geschieht dies mit einem Angriff nicht auf Avempace, sondern auf Albert den Großen und einen seiner Schüler, Ulrich von Straßburg. Er zeigt damit, dass er eine der prägendsten Lehren von Alberts *Metaphysik* nicht teilt.

In seinem Kommentar zur *Physik* erklärte Albert der Große die Subjekte der drei Wissenschaften (Physik, Mathematik und Metaphysik) als eine mehr oder weniger ausgeprägte Einfachheit der Washeit (*quiditas*). Da ein Ding durch die eigene *quiditas* definiert werde, sei seine Washeit umso einfacher, je mehr sie von den konkreten Bestimmungen abgetrennt ist. Die progressive Einfachheit der *quiditates* gründet auf dem Hervorgehen des Seins aus der ersten einfachen Washeit:

»Si enim accipiatur diffinitio substantiae, secundum quod substantia est, ipsa erit abstra-hens ab omni magnitudine et sensibilibus, et ideo dabitur diffinitio illa per quiditates simplices, quae simplicia concepta sunt intellectus. […] Physicorum vero quiditas in eo quod quiditas est in intellectu, quia omnis rei ratio per intelligibilia est. […] Adhuc autem, cum prima simplex quiditas primum det esse, a quo fluit esse huius quiditatis in mensurato per quantitatem, a quo ulterius etiam profluit esse huius sensibilis distincti per quantitatem et distincti per formas activas et passivas, erit primum absque dubio causa secundi et tertii, unde tam mathematica quam naturalia causantur a metaphysicis et accipiunt principia ab ipsis […]«.[62]

Deswegen führt das Wesen der sinnlichen Dinge zur Kenntnis der ersten formalen Ursache, die Albert als *intellectus divinus* definiert:

---

60 ALBERTUS MAGNUS, *Metaph.* l. 7 tr. 1 c. 4 (Ed. Colon. 16/2), 320,43–54.
61 ULRICUS DE ARGENTINA, *De summo bono* l. 4 tr. 2 c. 3, ed. S. Pieperhoff (CPTMA 1/4), Hamburg 1987, 71,89–95.
62 ALBERTUS MAGNUS, *Phys.* l. 1 tr. 1 c. 1 (Ed. Colon. 4/1), 2,59–63. 69–71. 76–83.

»[S]i quaeritur origo huius esse quod forma secundum se accepta sic habet, non potest ad aliud referri, nisi quod habet hoc, inquantum est radius quidam et lumen primae formae, quae est intellectus divinus. Adhuc autem forma substantialis per esse materiale non est intelligibilis, sed per seipsam et non per aliud sicut accidens. Cum igitur sit intelligibilis per seipsam, oportet, quod hoc habeat, inquantum immixtum est ei lumen intellectus primi, a quo exit. Et sic iterum quiditas rei sensibilis conducit ad notitiam causae primae formalis«.[63]

In diesem Passus aus Buch VII des Kommentars zur *Metaphysik* bestätigt Albert seine Position: Die Washeit des sinnlichen Dinges führt zur Kenntnis der ersten formalen Ursache, die der Intelligibilität des sinnlichen Dinges zugrunde liegt.

Bekanntlich ist diese nach den *quiditates* geordnete Struktur für Albert die Voraussetzung für die Verwirklichung der *fiducia philosophantium*, die Hoffnung der Philosophen, die Form der Formen zu erkennen. Es handelt sich um die berühmte Theorie des *intellectus adeptus*, die Loris Sturlese im Rahmen einer Lectio Albertina nachgezeichnet hat.[64]

In *De intellectu et intelligibili* wird der Weg zur Erreichung des erworbenen Intellekts von einem Prozess innerhalb eines Systems von Formen der »abgestuften und progressiven« Einfachheit gebildet, an dessen Spitze die Form der Formen steht – die Form der Ordnung des Universums –, die der wirkende Intellekt selbst ist.

Nach Albert neigen die Formen, die aus dem Licht der ersten Ursache und aus den abgeschiedenen Intelligenzen hervorfließen, dazu in das göttliche Wesen zurückzukehren, von dem sie entsprungen sind. Dies ist jedoch nur dann möglich, wenn sie von der Materie getrennt sind; deshalb müssen sie von einer Vernunft zu Gott zurückgeführt werden, die die Formen von der Materie trennt. Dies kann aber keine reine und getrennte Vernunft sein (was Albert »*intellectus mundi*« nennt), sondern muss die Vernunft des Menschen sein, die über die nötigen Fähigkeiten und über die nötigen Organe verfügt, um die göttlichen Formen aus der Materie heraus zu empfangen. Aufgrund dieser Fähigkeit (der »erworbenen Vernunft«, *intellectus adeptus*) kann der Mensch gottähnlich werden wie die Ursache, aus der die Formen hervorgeflossen sind.

Aus dieser Perspektive, d. h. der metaphysischen Grundlegung des *intellectus adeptus*, überrascht es nicht, dass Eckhart auch gegenüber dieser Lehre Alberts, nämlich der Fähigkeit der menschlichen Vernunft, die erste Ursache (*intellectus divinus*) zu erkennen, Stellung bezieht. Dies geschieht an drei Orten, zwei Mal in den *Predigten* 103 und 104 und ein Mal im Kommentar zum *Johannesevangelium*.[65]

---

63 ALBERTUS MAGNUS, *Metaph.* l. 7 tr. 1 c. 4 (Ed. Colon. 16/2), 320,34–45.

64 Vgl. L. STURLESE, Vernunft und Glück. Die Lehre vom »intellectus adeptus« und die mentale Glückseligkeit bei Albert dem Großen (Lectio Albertina 7), Münster 2005, 24–28.

65 Vgl. L. STURLESE, Predigt 103: ›Cum factus esset Iesus annorum duodecim‹, in: G. Steer u. a. (Hg.), Lectura Eckhardi IV. Predigten Meister Eckharts von Fachgelehrten gelesen

In der *Predigt* 104 unterscheidet Eckhart zwischen einer »wirkenden Vernunft« (*würkende vernunft*), einer »erleidenden Vernunft« (*lîdende vernunft*) und einer »möglichen Vernunft« (*mügelîche vernunft*).[66] Nach Eckhart ist es die erste Aufgabe der im Menschen wirkenden Vernunft, die Geschöpfe zu ihrem Ursprung, das heißt zum göttlichen Wesen, zurückzuführen. Hinter dieser recht kryptischen Idee Eckharts steht nichts anderes als der eben vorgestellte Gedanke des Albertus Magnus aus *De intellectu et intelligibili*,[67] wie Wouter Goris erkannte.[68]

Albertus Magnus, *De intell. et int.* l. 2 tr. un. c. 12 (Ed. Paris. 9), 520b	Meister Eckhart, *Pr.* 104A (DW 4/1), 568,40–570,51
Oportet igitur quod ad hoc fluunt, ut esse divinum aliquod et operationes divinas perficiant. Esse autem divinum et operationem non perficiunt nisi a materia separatae: et scimus quod non separantur nisi ab anima humana perfecta separatione: oportet igitur, quod per separantem a materia **intellectum ad esse divinum reducuntur**. Hujusmodi autem reductio non fit per intellectum mundi: quia illarum intellectus habet eas separatas in esse et operatione divina: **fiet ergo necessario per intellectum hominis** qui ad hoc habet vires et organa, ut a materia accipiat formas divinas.	Der mensche hât eine würkende vernunft und eine lîdende vernunft und eine mügelîche vernunft. Diu würkende vernunft stât alwege gegenwertic iemer etwaz ze würkenne, ez sî in gote oder in der crêature. **Swenne si sich vernünftlîche üebet in der crêatûre als in einer ordenunge und widertragenne der crêatûre wider in irn ursprunc** oder sich selber ûftreget ze götlîcher êre und ze götlîchem lobe, **daz stât noch allez wol in ir maht und in irm gewalt und heizet noch würkende.**

Eckhart stimmt Albert dem Großen zu, indem er hervorhebt, dass diese Funktion der wirkenden Vernunft an erster Stelle eine menschliche ist. Anders als Albert aber denkt Eckhart nicht, dass die Ausübung der wirkenden Vernunft den Menschen gottähnlich macht. Im Gegenteil, nach Eckhart geht es darum, dass Gott im Menschen die Rolle der wirkenden Vernunft übernehmen und deren Aufgaben ausführen soll. Der Mensch soll passiv bleiben, nicht mehr wirken, sondern zum Empfänger des Werkes Gottes werden.

Eckhart erwähnt zwar wohlwollend die Lehre der Philosophen vom erworbenen Intellekt, aber er hält sie auf Distanz, indem er sie für die Erklärung der Umformung verwendet, die in den paulinischen Briefen erwähnt wird. Im Kommentar zum *Johannesevangelium* bezieht sich Eckhart beispielsweise auf die Gottesgeburt im Menschen, um zu zeigen, dass wir dank dieser Geburt dem Göttlichen »gleichförmig« (*conformamur*) und »gleichgestaltet« (*configuramur*) sind.

und gedeutet. Stuttgart 2016, 171–200 hier 192; A. Beccarisi, Zwischen Averroes, Avicenna und Avicebron. Meister Eckhart und die Noetik im Islam und Judentum, in: Meister-Eckhart-Jahrbuch 10 (2016), 207–222 hier 232–233.
66 Vgl. Beccarisi, Zwischen Averroes, Avicenna und Avicebron (wie Anm. 65), 225–226.
67 Das Traktat wird zur Zeit von Silvia Donati am Albertus-Magnus-Institut ediert.
68 Vgl. Goris, The Unpleasantness with the Agent Intellect (wie Anm. 26), 156.

Die Philosophen haben diese »*conformatio*« und »*configuratio*« im Sinne der
»erworbenen Vernunft« (*intellectus adeptus*) erklärt:

> »Verbum enim deus caro fit et in nobis habitat visibiliter et sensibiliter, quotiens divinis,
> per consequens deo, conformamur et configuramur, secundum illud: ›revelata facie
> gloriam domini speculantes transformamur in eandem imaginem‹, Cor. 3. Unde et
> philosophi aliqui ponebant intellectum agentem, quem dicebant substantiam separatam,
> nobis uniri in phantasmatibus mediante lumine intellectus illius agentis, illustrantis et
> penetrantis illustrando nostrum phantasticum, quo multiplicato ex multo intelligere tan-
> dem nobis unitur et fit forma, ita ut operemur opera propria illi substantiae, puta quod
> intelligamus entia separata, sicut et illa, et iste est in nobis secundum ipsos intellectus
> adeptus. Sic etiam videmus sensibiliter de igne, qui ex continuata calefactione ferro
> imbibitur et quasi forma factus inhabitat«.[69]

Der Mensch denkt, indem sein Vorstellungsvermögen von der wirkenden
Vernunft erleuchtet wird und sich aufgrund vieler Denkakte mit uns vereint.
Hier dürfte Eckhart Positionen islamischer Provenienz im Blick haben, wie
sie durch die sogenannten lateinischen Averroisten und durch Albertus Magnus vertreten wurden. Diese Lehren hält er für unzutreffend. Eckhart glaubt
nicht, dass die Vergöttlichung des Menschen in der höchsten Ausübung der
intellektuellen Fähigkeiten besteht. Er glaubt nicht, dass der Mensch durch
einen quantitativen Erkenntniszuwachs die Schau Gottes erlangen kann – ein
Modell, das im Kommentar zum *Johannesevangelium* den »Philosophen« zugeschrieben wird.

Es scheint mir kein Zweifel daran zu bestehen, dass Eckhart den Philosophen
Albert zitiert, aber gewiss nicht, um einige seiner kennzeichnenden Lehren wie
die der progressiven Folge der Washeiten und die des erworbenen Intellekts zu
teilen. Die soeben kommentierten Stellen scheinen mir vielmehr von einer re-
spektvollen, aber distanzierten Haltung gegenüber dem Lehrer zu zeugen.

II.3 »Sicut Albertus saepe dicebat ...«

Kommen wir nun zu einem weiteren Aspekt dieser Beziehung. In einer akademischen Predigt von 1294 erinnert sich Eckhart an den alten Meister:
»Und Albertus sagte oft: Dies weiß ich, wie wir es eben wissen, denn wir
wissen alle wenig«.[70] Ein Passus, der diesem Ausspruch genau entspricht, ist
in Alberts Werken jedoch noch nicht gefunden worden. Deshalb wurde lange
vermutet, dass Eckhart ihn unmittelbar vom alten Lehrer in Köln gehört

---

69 ECKHART, *In Ioh.* I n. 155 (LW 3), 128,1–12.
70 ECKHART, *Sermo Paschalis* n. 13 (LW 5), 145,5–6.

haben könnte. Die neueste Forschung scheint diese Schlussfolgerung in Abrede zu stellen. Albert der Große starb nämlich 1280, und zu dieser Zeit war Eckhart noch zu jung, um Zugang zum *Studium generale* der Dominikaner zu erhalten. Es ist daher recht wahrscheinlich, dass Eckhart einfach eine Aussage wiederholte, die unter denen, die das *Studium* absolvierten, sprichwörtlich geworden war, und sich so mit Stolz an die Schule erinnerte, die er besucht hatte.[71]

Die Aussage hat jedoch eine weitere Bedeutung, die nur durch den Kontext erschlossen werden kann, in dem sie steht. In der Predigt von 1294 erscheint zum ersten Mal das Motiv der Demut, das nach Eckharts eigenem Zeugnis einen wesentlichen Punkt seiner späteren Pariser Predigertätigkeit bildete und das wie ein roter Faden sein gesamtes Werk bis zur Kölner Verteidigung durchzieht.[72]

In dieser lateinischen Predigt will Eckhart zwei Fragen beantworten: Wem soll das Abendmahl gespendet werden und wo soll man es empfangen? Die Antwort auf die erste Frage lautet: den Armen. Für Eckhart sind die »Armen« nicht diejenigen, die nichts besitzen, sondern diejenigen, die nichts erkennen, die Demütigen. Denen, so argumentiert Eckhart, wird vorrangig die Gnade der Eucharistie gewährt. Aus dieser Perspektive ist klar, dass die Demut nicht die christliche Interpretation der aristotelischen Bescheidenheit, sondern eine bedingende Eigenschaft des Geistes ist. Nur die demütige Seele kann Gott aufnehmen. Je demütiger daher die Seele ist, welche die rettende Gnade des eucharistischen Sakraments empfangen soll, desto mehr ist sie zur Aufnahme Gottes fähig (»*unde anima, quae debet capere hoc sacramentum, quanto est per humilitatem bassior, tanto est capacior*«).[73] Einer Erhebung entspricht immer auch eine Erniedrigung: Erhöhung und Erniedrigung sind keine entgegengesetzten und widersprüchlichen Bedingungen, sondern stehen in gegenseitiger Wechselbeziehung. Je mehr sich der Mensch in seiner Demut erniedrigt, umso mehr kann er Gott aufnehmen. Eckhart fragt sich dann, wo das Sakrament der Eucharistie empfangen wird. Die Antwort überrascht und lautet: »In dem, der weiß«. Aber der wahre Weise ist für Eckhart wiederum der Demütige, der sich und seine Grenzen kennt: Er weiß, dass er nicht weiß. Mit Augustinus denkt Eckhart, dass die wahre

---

71 Vgl. L. STURLESE, Eckhart, Tauler, Suso. Filosofi e mistici nella Germania medievale, Roma 2010, 13.
72 Vgl. ECKHART, *Pr.* 14 (DW 1), 235,4–5: »jch sprach zo paris in der schoelen, dat alle dynck sollen volbracht werden an deme rechten oitmoedegen mynschen«; A. DE LIBERA, Postface, in: Maître Eckhart, Sur l'humilité, traduction et postface par A. de Libera, Paris 1988, hier 61.
73 ECKHART, *Sermo Paschalis* n. 12 (LW 5), 142,2–3.

Weisheit nicht auf das Wissen der Welt gerichtet ist, sondern auf das Wissen von sich selbst.

Demut, verstanden als Erkenntnis des Selbst, ist in der eckhartschen Predigt nicht eine gute Lebensführung, sondern die wesentliche Bedingung des wahren Weisen. Neben der Autorität von Augustinus zitiert Eckhart dazu Albertus Magnus und Ptolomäus.

>»Unde Augustinus De trinitate l. IV in principio: ›scientiam terrestrium atque caelestium rerum magni aestimare solet genus humanum, in quo profecto meliores sunt qui huic scientiae proponunt nosse semet ipsos. Unde probabilior laudabiliorque est animus cui infirmitas propria nota est quam qui ea non respecta vias siderum scrutatur, etiam cogniturus‹. Unde Adam volebat multam rapere scientiam et perdidit eam. Et Albertus saepe dicebat: ›hoc scio sicut scimus, nam omnes parum scimus‹. Unde reprehendendi sunt qui praesumunt de scientia talium et suam conscientiam negligunt«.[74]

>»Quicumque vero est superbus, non est sciens. Unde in proverbiis Ptolomaei: ›qui inter sapientes est humilior, inter eos est sapientior‹. ›Humiliatio tui in medio tui‹ dicitur in Michaea. Si te intus cognoscas, te humiliabis frequenter«.[75]

Albert der Große ist ein bekannter Universitätsprofessor und großer Aristoteleskommentator, Ptolomäus ein berühmter heidnischer Wissenschaftler und Astronom. Ihre Erwähnung in einer akademischen Predigt, die an ein gebildetes Publikum Pariser Intellektueller gerichtet war, ist gewiss strategisch. Albert der Große und Ptolomäus, weltbekannte Gelehrte, werden von Eckhart zu Zeugen seiner neuen Interpretation der Demut berufen. Es sind Denker, die um die Begrenztheit ihres Wissens »wissen«. Die hier erstmals auf »programmatische« Weise dargestellte Anthropologie des demütigen Menschen stellt nach Eckharts eigener Aussage einen zentralen Punkt seiner Predigertätigkeit in Paris dar. In zwei späten Predigten in der Volkssprache erinnert er sich selbst wie folgt: »Ich habe an der Universität stets gesagt, dass man das Universum nur verstehen kann, wenn man sich selbst versteht«.

Werfen wir einen genaueren Blick auf die Autorität des Ptolomäus. Es handelt sich um eine Stelle, die – mit geringfügigen Abänderungen – dem Prolog des *Centiloquium* entstammt, die Eckhart aber dessen *Proverbia* zuschreibt. Dasselbe Zitat mit derselben Zuschreibung findet sich auch im Kommentar zum *Buch der Weisheit* und in diesem Fall verweist der Herausgeber nicht nur auf Ptolomäus, sondern auch auf Albertus Magnus, insbesondere auf den Kommentar zu *Job* und den Kommentar zum *Propheten Jesaja*.[76]

---

74 ECKHART, *Sermo Paschalis* n. 14 (LW 5), 144,12–145,7.
75 ECKHART, *Sermo Paschalis* n. 14 (LW 5), 146,2–5.
76 ECKHART, *In Sap.* XIII n. 243 (LW 2), 576,9–577,3: »Tertio notandum quod ait ›subest‹, in quo notatur humilitas quae requiritur et concomitatur sapientiam, Is. 28: ›quem

Tatsächlich bezieht sich Albert an verschiedenen Stellen seiner Bibelkommentare auf diese Aussage von Ptolomäus im Zusammenhang mit der Demut des wahren Weisen. Doch im Kommentar zum *Matthäusevangelium* erscheint sie in einem sehr ähnlichen Zusammenhang wie demjenigen, den Meister Eckhart in der lateinischen Predigt von 1294 entwickelt.

Albert kommentiert den Vers 11,25: »Den *sapientibus et prudentibus* hast du die Wahrheit verborgen und hast sie den *parvulis* offenbart«.[77] Er ist der Ansicht, dass die Kleinen, von denen das Evangelium spricht, nicht die Unwissenden und Feigen sind – Figuren, die das Gegenteil der Wissenden und »*prudentis*« darstellen –, sondern die demütigen Weisen. Denn der wahre Weise ist nicht hochmütig, er leidet nicht unter dem *tumor mentis*, wie Albert ihn nennt.

Meister Eckhart, *Sermo Paschalis* n. 14 (LW 5), 146,1–4

Praemisit etiam Iohannem, qui interpretatur ›in quo est gratia‹, quia ex cognitione propriae infirmitatis consurgis humilitas et gratia. Quicumque vero est superbus, non est sciens. Unde in Proverbiis Ptolemaei: »qui inter sapientes est humilior, inter eos est sapientior«.

Albertus Magnus, *S. Matth.* c. 11 v. 25 (Ed. Colon. 21/1), 360,27–32.40–48

›Et revelasti ea parvulis‹. Per oppositum dicit veritatem fidei humilibus esse revelatam, quia, sicut dicit Gregorius, ›tumor mentis est obstaculum veritatis‹, eo quod dicitur Iac. IV (6) et I Petr. V (5): ›Deus superbis resistit, humilibus autem dat gratiam‹. [...] Et ideo tangit oppositum non sapientiae et prudentiae, sed eius quod adiungitur ei frequenter, quod est tumor, et dicit: ›revelasti ea parvulis‹. Est autem parvulus minor parvo et significat eos qui nec parvis se anteponunt. Unde Ptolemaeus philosophus in Proverbiis suis dicit: ›Qui inter sapientes est humilior, est inter sapientes sapientior, sicut humilior lacuna plures recipit aquas‹.

Bedeutsam scheint mir zu sein, dass Eckhart in der Pariser Predigt Welterkenntnis und Selbsterkenntnis nicht als Gegensatz (als Entweder-Oder), sondern als voneinander abhängig präsentiert. Die Selbsterkenntnis begründet und ermöglicht die Erkenntnis der Welt. Beide sind Ausdruck ein und derselben Wahrheit. In diesem Rahmen erwähnt Eckhart seine persönliche Erinnerung »*sicut Albertus saepe dicebat*«.

Aus diesem Grund bin ich davon überzeugt, dass die zarte Erinnerung, durch die der Schüler dem Meister huldigt, auf dessen Kommentar zum *Matthäusevangelium* Bezug nimmt.

---

docebit scientiam‹ nisi humilem? Prov. 11: ›ubi humilitas, ibi sapientia est‹. Unde et Ptolemaeus in Proverbio ait: „qui inter sapientes est humilior, inter sapientes est sapientior". Vel ait ›subest‹, scilicet caritati, quia ›scientia‹ secundum se ›inflat‹, et sic est vacua, ›caritas autem aedificat‹, Cor. 8«; Editorenhinweis auf S. 577 Anm. 1.
77 ALBERTUS MAGNUS, *Super Matth.* c. 11 v. 25 (Ed. Colon. 21/1), 359,77–360,51.

II.4 »in sedendo et quiescendo fit anima sciens et prudens«:
Der seltsame Fall des Kommentars zum Matthäusevangelium

Bei aller Unterschiedlichkeit der Perspektiven scheint also Eckhart, dem alten Lehrer Vieles zu schulden, und der Reichtum an diesbezüglichen Textbelegen gibt Geyers erstem Schluss offensichtlich Recht. Dennoch hat keine der nachfolgenden Forschungen, auch Geyers eigene nicht, jemals in die Richtung gewiesen, Alberts Kommentar zum *Matthäusevangelium* gründlich zu untersuchen. Ich beschränke mich selbst auf die Untersuchung von zwei Stellen, um meinen Beitrag damit zu beschließen.

In der deutschen *Predigt* 90 *Sedebat Iesus docens in templo* kommentiert Eckhart das lateinische Wort *sedebat*. In diesem Zusammenhang verbindet er die geistige Bedeutung (»sitzen bedeutet Ruhe [...]. Deshalb muss die Seele sitzen, das heißt in Demut verharren«) mit einer wissenschaftlichen Erklärung, warum Jesus, während er lehrte, saß. Die Erklärung stammt von Albert, auf den Eckhart sich ausdrücklich bezieht:

»›Sedebat Iesus docens in templo‹. Daz êwangelium sprichet, daz ›Kristus saz in dem tempel und lêrte‹. Daz er saz, **daz meinet ruowe**. Wan swer dâ sitzet, der ist bereiter lûter dinc vürzebringenne dan der dâ gât oder stât. **Sitzen bediutet ruowe, stân arbeit, gân unstæticheit**. Her umbe sol diu sêle sitzen, daz ist in einer verdrücketer dêmüeticheit under alle crêatûren. Danne kumet si in einen gerasteten vride. Den vride erkrieget si in einem liehte. Daz lieht wirt ir gegeben in einer stilheit, dâ si inne sitzet und wonet. **Ez sprichet ouch Albertus: daz ist diu sache, daz die meister sitzent, die dâ lêren suln die künste**. Wan swer dâ liget, dem gânt die **groben geiste, daz ist daz grobe bluot**, ûf in daz hirne und verdunstert daz verstantnisse. Swenne aber der mensche sitzet, sô sinket daz grobe bluot und die liehten **geiste dringent sich ûf** ze dem hirne. **Sô wirt diu *memoria* erliuhtet**«.[78]

Der Passus stammt jedoch nicht aus einem der albertinischen Aristoteles-Kommentare, sondern, wie schon Geyer erkannte, aus dem Kommentar zum *Matthäusevangelium*:

»Primum notatur in hoc quod dicit: ›cum sedisset‹; **sedere enim quiescentis est; stans enim laborat, et vadens instabilis est**. Et cum laborat corpus, non potest in perfecta quiete esse animus, sed abstrahitur, et tunc non bene concipit et confert et ordinat dicenda et causas dicendorum et differentias et accidentia communia et propria et alia, quae in dicendo considerantur. Iacens autem est inordinatus, quia caput non sursum porrigitur. Et ideo grossi fumi **et grossi spiritus et sanguis** in eo multiplicantur. Quae non adeo multiplicantur in eo, quando sursum porrigitur, quia grossa non facile elevantur, subtilia autem et levia et clara in calore et sanguine et spiritu ad ipsum

---

78 ECKHART, *Pr.* 90A (DW 4/1), 54,1–57,19.

tunc, quando **elevatur**, deveniunt. **Et haec faciunt bonos intellectus et memorias. Haec est causa, quod cathedra ponitur doctoribus** et thronus vel tribunal iudicibus, quia cathedra dicitur aedes catechizantis, hoc est docentis«.[79]

Was Geyer jedoch nicht gesehen hatte, ist, dass die Bezugnahme auf die Demut als eine der Interpretationen des Verbs »*sedebat*« ebenfalls von Albert stammt, und zwar aus demselben Kommentar:

> »Aristoteles etiam in VII Physicorum dicit, quod ›in sedendo et quiescendo fit anima sciens et prudens‹. Ps. (CVI, 32): ›Exaltent eum in ecclesia plebis et in cathedra seniorum laudent eum‹. Eccli. XI (1): ›**Sapientia humiliati exaltabit caput et in medio magnatorum consedere illum facit**‹«.[80]

Albert stellt hier eine philosophische Autorität (die aristotelische *Physik*) mit einer Reihe von Schriftautoritäten zusammen, darunter auch den Hinweis aus dem Buch *Jesus Sirach* XI auf die Erhöhung des sich Demütigenden (»*Sapientia humiliati exaltabit caput*«). Es handelt sich um ein Vorgehen, das in der Regel als »typisch« für Eckhart und sogar als programmatisch betrachtet wird, nämlich die Interpretation der Heiligen Schriften »*per rationes naturales philosophorum*«.[81]

Nun sind die Kommentare zur Heiligen Schriften nach modernen Kategorisierungen keine philosophischen Werke und wurden in den umfänglichen albertinischen Studien vielleicht deshalb weniger erforscht.[82] Der Kommentar

---

79 ALBERTUS MAGNUS, *Super Matth.* c. 5 v. 2 (Ed. Colon. 21/1), 102,26–44.
80 ALBERTUS MAGNUS, *Super Matth.* c. 5 v. 2 (Ed. Colon. 21/1), 102,44–50.
81 ECKHART, *In Ioh.* I n. 185 (LW 3), 154,11–155,2; vgl. FLASCH, Meister Eckhart (wie Anm. 13), 207–208.
82 Vgl. aber u. a. M.-A. ARIS, Apothecarius gratiarum. Albertus Magnus und der Evangelist Lukas, in: C. G. Müller / J. Zmijewski (Hg.), Licht zur Erleuchtung der Heiden und Herrlichkeit für dein Volk Israel (Bonner biblische Beiträge 151), Berlin 2005, 277–288; A. BOUREAU, Albert le Grand, commentateur de l'*Apocalypse*, in: Freiburger Zeitschrift für Philosophie und Theologie 60 (2014), 43–58; S. BULLIDO DEL BARRIO, »Non est in aliquo opere modus nobilior« – *De muliere forti* ein Werk Alberts des Großen?, in: L. Honnefelder u. a. (Hg.), Via Alberti. Texte – Quellen – Interpretationen (Subsidia Albertina 2), Münster 2009, 385–427; DIES., *Sensus litteralis ad Psalmos et Prophetas.* Die Anweisung der Ältesten Konstitutionen der Dominikaner in den Schriften des Hugo von St. Cher, Albertus Magnus und Thomas von Aquin, in: S. v. Heusinger u. a. (Hg.), Die deutschen Dominikaner und Dominikanerinnen im Mittelalter (Quellen und Forschungen zur Geschichte des Dominikanerordens. N. F. 21), Berlin 2016, 143–181; G. GULDENTOPS, Die Naturdinge sind Beispiele der göttlichen Ordnung: Zu einigen Metaphern in der Naturphilosophie und Bibelexegese des Albertus Magnus, in: M. Breitenstein u. a. (Hg.), Identität und Gemeinschaft. Vier Zugänge zu Eigengeschichten und Selbstbildern institutioneller Ordnungen, Berlin 2015, 275–292; S. PERFETTI, Biblical Exegesis and Aristotelian Naturalism: Albert the Great, Thomas Aquinas, and

zum *Matthäusevangelium* zählt zum Beispiel zu den in der Forschung am wenigsten berücksichtigten Werken. Eckhart dachte aber offensichtlich anders darüber. Um das zu beweisen, müssen wir zu der berühmten deutschen *Predigt* 80 zurückkehren, für die erst Ruh, Retucci und später Goris die zentrale Bedeutung des *Liber de causis et processu universitatis a prima causa* von Albert herausgestellt haben.[83] Ich präsentiere zunächst die Synopse, um sie dann Schritt für Schritt zu kommentieren.

In der *Predigt* 80 will Eckhart den *Lukas*-Vers 16,19 *Homo quidam erat dives* kommentieren. Wie er es häufig zu tun pflegt, konzentriert er sich auf ein einziges Wort, in diesem Fall *dives*. In seinem Kommentar ist »*dives*« Gott, der »reich« ist aufgrund von fünf »Dingen« bzw. Aspekten: Er ist die erste Ursache, er ist einfach, ursprünglich, unwandelbar und vollkommen. Jedem Aspekt Gottes ordnet Eckhart dann eine Handlung zu: Als Erster ist Er in allen Dingen, denn wie der heidnische Meister sagt, wirkt die erste Ursache mehr als die zweiten Ursachen; als Einfacher ist Er die Innerlichkeit aller Dinge; als »Quelle« fließt Er auf dreierlei Weise und heißt Licht des Lichtes, weil alle Gaben und die Vollkommenheit vom Vater des Lichtes herfließen, wie der Apostel Jakobus sagt.

Albertus Magnus *Super Matth.* c. 6 (Ed. Colon. 21/1), 181,81–182,8.21–29	Meister Eckhart, *Pr.* 80 (DW 3), 382,9–384,5.6–386,3; 388,1–4
qui es, quinque notantur, ens videlicet primum, simplex, fontale, immutabile, perfectissimum.	Diu rîcheit gotes diu liget an vünf dingen.
Ex primitate est influetissimum,	Daz êrste: daz er diu êrste sache ist, her umbe ist er ûzgiezende sich in alliu dinc.
ex simplicitate communissimum et intimum,	Daz ander: daz er einvaltic ist an sînem wesene, her umbe ist er diu innerkeit aller dinge.
ex fontalitate causalissimum	Daz dritte: daz er ursprunclich ist, her umbe ist er gemeinende sich allen dingen.
ex immutabilitate **conservantissimum**,	Daz vierde: daz er unwandelhaftic ist, her umbe ist er daz **behaldelîcheste**.
ex perfectissimitate **desideratissimum** omnium.	Daz vünfte: daz er volkomen ist, her umbe ist er daz **begerlîcheste**.

---

the animals of the Book of Job, in: Aisthesis 11 (2018), 81–96; DERS., Filosofia naturale e trasformazione morale: Alberto Magno interprete del ›Cantico della vigna‹ (Isaia, 5,1–7), in: L. Bianchi u. a. (Hg.), Edizioni, traduzioni e tradizioni filosofiche (secoli XII–XVI), Roma, 341–352; Th. KUHL, Die persönliche Gottesbeziehung im Vaterunserkommentar des hl. Albertus Magnus zum Matthäusevangelium (Tesi di Licenza), Roma 2003. – Für Hinweise auf Literatur zum Thema danke ich Maria Burger.

83 Siehe oben S. 13–14.

Primum enim influit omnibus, et a nullo influitur ei, et est liberalitatis et magnificentiae profusae. Influit enim nullo indigens, et nullum aliorum aliquid alicui influere potest nisi per hoc quod accipit et habet ab ipso. Et hic pater sic influens merito est orandus. Iac. I (17): ›Omne datum optimum et omne donum perfectum desursum est, descendens a patre luminum, apud quem non est transmutatio neque vicissitudinis obumbratio‹. [...] **Primum enim est, ut dicit Philosophus, quod influit, non supposito quodam alio, quod sibi det influere. Aristoteles: ›Causa primaria plus est influens quam secundaria‹.**

Er ist diu êrste sache, her umbe ist er îngiezende sich in alliu dinc. Dâ von sprichet ein heidenischer meister, daz sich diu êrste sache mê gieze in alle die sache, dan die andern sache sich in ir werk giezen.

Per **simplicitatem** autem est communissimum et intimum, quia, sicut dicit Philosophus, quanto aliquid simplicius est, tanto in pluribus invenitur et sui ad plura indigetur.

Er ist ouch **einvaltic** an sînem wesene. Waz ist einvaltic? Daz sprichet bischof Albreht: daz dinc ist **einvaltic**, daz an im selber ein ist âne ander, daz ist got, und alliu vereintiu dinc haltent sich in daz, daz er ist. [...]

[ex fontalitate causalissimum]

Daz dritte: daz er ursprunclich ist, dar umbe ist er ûzvliezende in alliu dinc. ›

Albertus Magnus, *De causis et proc. univ.* l. 2 tr. 1 c. 1 (Ed. Colon. 17/2), 61,16–22

[...] **lumen primae causae tripliciter influat rebus**, scilicet influentia constitutionis ad esse et influentia irradiationis ad perfectionem virtutis et operis et **influentia reductionis ad primum fontem** ut ad boni principium, et huius influentia luminis omnis illuminationis principium sit et lumen, erit ipsum lumen luminum.

Hie von sprichet bischof Albreht: **drîerhande wîs vliuzet er ûz in alliu dinc gemeinlîche:** mit wesene und mit lebene und mit liehte und sunderlîche in die vernünftigen sêle an mügentheit aller dinge **und an einem widerrucke der crêatûren in irn êrsten ursprunc:**

Albertus Magnus *Super Matth.* c. 6 (Ed. Colon. 21/1), 182,4–10.75–76; 183,6–10

Et hic pater sic influens merito est orandus. Iac. I (17): ›Omne datum optimum et omne donum perfectum desursum est, descendens a patre luminum, apud quem non est transmutatio neque vicissitudinis obumbratio‹. Non enim mutatur, ut quandoque fluat et quandoque non, neque vicissitudinem donorum recipit.

diz ist lieht der liehte, wan ›alle gâbe und volkomenheit vliezent von dem vater der liehte‹, als sant Jâcobus sprichet.

[ex immutabilitate conservantissimum] Immutabilitate fundat et continet et conservat ea quibus se influit

Daz vierde: daz er unwandelhaftic ist, dar umbe ist er daz behaldelîcheste. Nû merket, wie sich got vereinet mit den dingen. Er vereinet sich mit den dingen und **beheltet sich doch ein an im selben, und alliu dinc an im ein.** [...]

Perfectissimum autem est hoc esse et ideo **desideratissimum**. Unde dicit Philosophus, quod ›omnia appetunt esse divinum et propter illud agunt, quidquid agunt‹. Agg. II (8): ›Veniet desideratus cunctis gentibus‹. Omnia enim istius patris desiderant superadventum. [Prov. 3,15]: ›Omnia desiderabilia huic non valent comparari‹. **Esse enim datur ab eo, quo accepto nihil desideratur amplius, eo quod hoc est omnis naturae bonum et optimum.** Exod. XXXIII (19.17): ›Ego ostendam tibi omne bonum; invenisti enim gratiam coram me‹. In hoc est gaudium plenum, ut hoc comprehendamus, ut possumus. Ioh. XVI (24): ›Petite, ut gaudium vestrum sit plenum‹. Matth. V (48): ›Pater vester caelestis perfectus est‹.

Daz vünfte: **daz er volkomen** ist, dar umbe ist er daz **begerlîcheste**. Got ist sîn selbes volkomen und aller dinge. Waz ist volkomenheit an gote? **Daz ist, daz er sîn selbes guot ist und aller dinge guot. Her umbe begernt sîn alliu dinc, wan er ir guot ist.**

Es wären viele Aspekte zu betrachten, doch beschränke ich mich auf die Analyse einer Auswahl. Die erste, sozusagen makroskopische Sicht besteht darin, dass Eckharts Bezugstext durchaus nicht das Buch *De causis et processu universitatis a prima causa* war, wie viele behauptet haben, sondern der Kommentar zum *Matthäusevangelium*, insbesondere die Stelle, an der Albert den Vers »*qui es in caelis*« kommentiert. Unterstrichen wird dies durch eine Reihe von Elementen: den Aufbau in fünf Teilen, die wörtliche Übereinstimmung der fünf Merkmale Gottes und die Genauigkeit mit der Eckhart den albertinischen Text übersetzt und so weit geht, dass er den Superlativ der Wörter »*conservantissimum*« mit »*behaldelîcheste*« und »*desideratissimum*« mit »*begerlîcheste*« wiedergibt.

Bei genauerem Hinsehen ergeben sich weitere aufschlussreiche Aspekte. In *Predigt* 80 entspricht das Zitat aus dem *Liber de causis*, das Eckhart einem heidnischen Meister zuschreibt, dem Kommentar Alberts im gleichen Zitat, das dem »*Philosophus*« (Aristoteles) zugeschrieben wird, und in beiden Fällen wird es eingesetzt, um Gottes Eigenschaft als »Erster« zu kommentieren, sozusagen seine »Erst-heit« (»*primitas*«).

Außerdem erlangt der berühmte Ausdruck »*lieht der liehte*« einen ganz anderen Sinn, wenn er im Gesamtzusammenhang betrachtet und mit Alberts Text verglichen wird. Eckhart sagt nämlich: »Dies ist das Licht des Lichtes, weil (*wan* ⟨mhd.⟩) alle Gaben und die Vollkommenheit vom Vater des Lichtes herfließen, wie der Apostel Jakobus sagt«. Die erste Ursache heißt also nicht (oder nicht nur) »Licht des Lichtes«, weil Eckhart den Kommentar Alberts zum *Liber de causis* las, sondern weil er vielmehr den Kommentar zum *Matthäusevangelium* vor Augen hatte, worin im Zusammenhang der Rede von der Ursprünglichkeit Gottes (»*fontalitas*«) der Vers des hl. Jakobus zitiert wird.

Eine Ähnlichkeit zwischen dem Passus der *Predigt* 80 und dem des *De causis et processu universitatis a prima causa*, wo Albert den Ursprung des Ausdrucks »*lumen luminum*« erklärt, ist sicher unleugbar. Doch ist diese Entsprechung keineswegs wörtlich. Sehr wahrscheinlich hat Eckhart, wie es für ihn bezeichnend ist, mit den beiden *auctoritates* gespielt und den Ausdruck »*lumen luminum*«, wie er ihn in Alberts *De causis et processo universitatis a prima causa* vorfand, mit dem Vater des Lichtes verbunden, von dem der hl. Jakobus spricht.

Jedenfalls scheint mir die Entdeckung dieser wichtigen neuen Quelle aus dem Kommentar zum *Matthäusevangelium* den Einfluss zu bestätigen, den dieses Werk auf Meister Eckhart ausgeübt hat. Dass es sich außerdem um ein wörtliches Zitat handelt, schränkt die Behauptung von Kurt Ruh ein, Eckhart »ändere« seine Quellen und wandele sie in seine eigene Sprache um.

Zum Schluss

Die nachweisliche Bedeutung des albertinischen Kommentars zum *Matthäusevangelium* in Meister Eckharts Werk kann sicher nicht folgenlos bleiben. Sie bestätigt und widerlegt zugleich die Schlussfolgerungen Bernard Geyers und anderer Eckhart-Spezialisten nach ihm.

Eckharts Interesse für die Naturphilosophie Alberts wird zwar bestätigt, aber nicht in dem ihm zugeschriebenen Sinn. Die Naturphilosophie Alberts hat sich als wirksames Instrument für die homiletische Tätigkeit Eckharts in lateinischer wie in deutscher Sprache erwiesen. Sie bildete eines der theoretischen Modelle, auf deren Grundlage Eckhart die Beziehung zwischen Gott und dem Menschen »*naturaliter*« interpretiert. Wir haben gesehen, dass Eckhart aus verschiedenen albertinischen Quellen schöpfte: nicht nur aus den »naturwissenschaftlichen« Werken wie dem Kommentar zu den *Meteora* oder *De animalibus*, sondern auch aus den theologischen Schriften, wie die philosophisch-theologische Summe *De homine* oder den Kommentaren Alberts zur Heiligen Schrift. Diesbezüglich sind die Komplexität und Vielseitigkeit der Beziehungen zwischen der Bibelauslegung und den philosophischen und theologischen Disziplinen für den Forscher, der daran gewöhnt ist, in Albertus Magnus eine Art zweiköpfigen Janus zu sehen – entweder den Naturphilosophen oder den Metaphysiker, entweder den Naturwissenschaftler oder den Theologen – erstaunlich. Im Übrigen bot Albert selbst Anlass für einer solche Sicht. Oft vertrat er die Ansicht, dass » *Theologica non conveniunt cum philosophicis in principiis*«.[84]

---

84 Albertus Magnus, Metaph. l. 11 tr. 3 c. 7 (Ed. Colon. 16/2), 542,25–29. Vgl. L. Sturlese, Il razionalismo filosofico e scientifico di Alberto il Grande, in: Documenti e studi sulla tradizione filosofica medievale 1 (1990), 373–426.

Die Philosophie mit ihren strengen Methoden kann zahlreiche Aspekte der Naturdinge erklären, aber sie kann sich nicht auf den Bereich der theologischen Forschung erstrecken. Nichtsdestoweniger haben einige Studien bereits eine deutliche Präsenz des »philosophischen« Albert neben Albert als »Theologen« und »Bibelausleger« belegt.[85] Mit Recht stellt Susana Bullido del Barrio dazu fest:

> »Die jeweilige Methode zur Erkenntnisgewinnung ist streng voneinander zu unterscheiden, doch ihre Einheit im Erkenntnisgegenstand ist unstrittig. Beide Teile sind für die Predigerbrüder untrennbar miteinander verbunden, und sie gilt es hauptsächlich und gemeinsam zu lernen, damit die Predigttätigkeit, dem jeweiligen Vermögen und Anlass angemessen, letztlich für die Empfänger der Seelsorge nützlich ist«.[86]

Überdies behauptete Albert selbst im Prolog zu seinem Kommentar *Super Dionysium De caelesti hierarchia* programmatisch, dass es vier Flüsse gebe, die aus derselben Quelle entspringen: »*naturalium et gratiarum et gloriarum sive gaudiorum*«. Die »*naturalia*« flössen dann in vier Bächen weiter: »*entium, viventium, sensibilium et intellectualium sive ratinalium*«.[87]

Auch Eckhart ist davon überzeugt, dass

> »aus einer Quelle und einer Wurzel der Wahrheit alles hervorgeht, was wahr ist, sei es im Sein, sei es im Erkennen, der Schrift und in der Natur«.[88]

Es besteht eine Übereinstimmung zwischen der natürlichen und der spirituellen Welt, die durch Christus, den Fleisch gewordenen Gott, garantiert wird. Christus ist das Wort, durch das alles erschaffen wurde und dessen Fleischwerdung seine menschliche Natur darstellt. So wie in Christus die menschliche Natur mit der göttlichen Natur vereinigt ist, so sind nach Eckhart die natürliche Philosophie und die göttliche Wissenschaft gleichermaßen in der Heiligen Schrift verbunden und gleichzeitig vorhanden. Keine philosophische Instanz, sondern er (Christus) ermöglicht es, die Heilige Schrift per »*rationes naturales philosophorum*« zu interpretieren. Aus diesem Blickwinkel hat es keinen Sinn, Eckhart als einen »Naturphilosophen« zu definieren. Er ist ein Theologe, der die von der Naturphilosophie gebotenen Werkzeuge gekonnt heranzieht, was etwas anderes ist – und er ist sich dessen genau bewusst.

---

85 Vgl. GULDENTOPS, Die Naturdinge sind Beispiele der göttlichen Ordnung (wie Anm. 82), hier bes. 284–289; PERFETTI, Biblical Exegesis and Aristotelian Naturalism (wie Anm. 82); DERS., Filosofia naturale e trasformazione morale; A. CERRITO, Botany as Science and Exegetical Tool in Albert the Great, in: Aisthesis 11 (2018), 97–197 hier 97.
86 BULLIDO DEL BARRIO, *Sensus litteralis* (wie Anm. 82), 181.
87 ALBERTUS MAGNUS, *Super Dion. De cael. hier.* prologus (Ed. Colon. 36/1), 1,37–41. Ich danke herzlich Maria Burger für den freundlichen Hinweis.
88 ECKHART, *In Ioh.* n. 185 (LW 3), 154,16–155,2.

Die andere These Bernard Geyers, die im Anschluss von allen Eckhart-Spezialisten begeistert aufgegriffen wurde, nämlich dass Eckhart die in der Rezeption neuplatonischer Anschauungen am weitesten gehende Schrift Alberts, insbesondere das Werk *De causis et processu universitatis a prima causa* bevorzuge, scheint mir dagegen entschieden widerlegt zu sein.

Die vorgelegte Untersuchung hat vielmehr eine gewisse Distanzierung von der *Metaphysik* und Erkenntnislehre Alberts und eine offensichtliche Marginalität des *De causis et processu universitatis a prima causa* im Werk Meister Eckharts gezeigt. Wie die expliziten und impliziten Quellen belegen, richtete sich Eckharts Vorliebe ohne Zweifel auf ein Werk Alberts, das bis heute zu den am wenigsten beachteten zählt, nämlich den Kommentar zum *Matthäusevangelium*.

Man fragt sich also: Warum ausgerechnet der Kommentar zum *Matthäusevangelium*? Ich habe noch keine Antworten, sondern nur Hypothesen. In erster Linie zählt der Kommentar zum *Matthäusevangelium* zu den wenigen Werken, die Albert eigenhändig schrieb, was alle Albert-Biografen hervorgehoben haben – wie wir aus den hervorragenden *Prolegomena* zur Edition wissen.[89] Der Kommentar wurde während Alberts zweitem Aufenthalt in Köln geschrieben und sollte im Rahmen des *Studium Coloniense* womöglich einen großen Symbolwert haben. Leider lässt sich bislang nicht viel mehr sagen, da die Studien zu Alberts Bibelkommentaren, wie gesagt, sehr spärlich sind.

Die zweite Hypothese, die mir zum gegenwärtigen Zeitpunkt möglich erscheint, ist folgende: Im Kommentar zum *Matthäusevangelium* fand Eckhart wissenschaftliche Erklärungen, geistliche Interpretationen, moralische Aufforderungen und philosophische Reflexionen. Sie alle stehen im Dienst einer Auslegung der Heiligen Schrift, sie verdeutlichen ihren Sinn und ihre verschiedenen Bedeutungen. Dieses Verfahren scheint der von Eckhart im Prolog zum *Johannesevangelium* programmatisch erklärten Methode, d. h. der Methode einer Interpretation der Heiligen Schrift per »*rationes naturales philosophorum*«, durchaus verwandt zu sein. Schließlich ist auch eine Predigt letztlich Exegese, also Schriftauslegung.

So komme ich zum Schluss und frage wie Geyer oder Ruh: Wer ist der Albert des Kommentars zum *Matthäusevangelium*? Ist es der Naturphilosoph, der den *sedebat Christus*-Vers im Lichte der aristotelischen *Physik* interpretiert? Oder der neuplatonische Philosoph, der in demselben Kommentar die Einfachheit der ersten Ursache im Lichte des *Liber de causis* beschreibt? Für welchen der beiden hegt Meister Eckhart ein größeres Interesse? Für den Naturwissenschaftler oder den Philosophen? Die in dieser Fragestellung enthaltene Dichotomie,

---

89 B. Schmidt, Prolegomena, in: Albertus Magnus, *Super Matthaeum*, ed. B. Schmidt (Ed. Colon. 21/1), VII–LXXVII hier VII–VIII.

die der Kultur und Bildung dieser beiden außergewöhnlichen Denker so fremd war, sollte wohl ein für allemal überwunden werden.

Eckhart nimmt in zwei Momenten von großer symbolischer Bedeutung auf Albertus Magnus Bezug: in einer akademischen Predigt, die er als junger Universitätsprofessor hielt, und in der Verteidigungsschrift am Ende seiner Karriere als Theologe.

Mir gefällt der Gedanke, dass beide Bezüge als Hommage gegenüber einem Meister interpretiert werden können, mit dem man nicht immer einverstanden ist, dem man aber Vieles verdankt. Ich weiß nicht, ob dies genügt, um eine Schule zu begründen, doch frage ich mich, ob es für die Geschichte der Philosophie nötig ist, die Geschichte von Schulen zu erzählen statt die Philosophie der Meister aufzuzeigen.

Lectio Albertina